入选中宣部

2019年重点主题出版物

我和我的祖国

张海迪 / 主编

张海迪,女,1955年9月生,山东文登人,哲学硕士,一级作家。中国残联主席,中国残奥委员会主席,中国作家协会第九届全委会委员,康复国际主席。已出版长篇小说《轮椅上的梦》《绝顶》《天长地久》,散文集《生命的追问》《我的德国笔记》《海迪自选集(6卷本)》。还出版了《丽贝卡在新学校》《小米勒旅行记》《一只旧箱子》等译著。

我和我的祖国

序

张海迪

小时候我曾指着地图册问母亲,我们的祖国在哪里?我之所以这样问,是因为我不能去上学,我没有老师,也没有同学,我只能自己学习读书。母亲给我买来一摞小学课本,用牛皮纸包上书皮。那一天,当我翻开课本的时候,我觉得特别激动,特别神圣。我在课本里看到一段话:爱祖国,爱人民,爱科学。我问母亲:"妈妈,我怎么才能爱祖国呢?"母亲说:"我们要用心爱自己的祖国,因为祖国就在每个人的心里。你要努力学习,将来为祖国做贡献。"

我小时候家里没有收音机,我甚至都没听说过电视机。那时候我靠读书认识世界和生活,也从书里认识了很多了不起的人。一次,母亲给我买了一本《连环画》杂志,里面有向秀丽的故事,那是我第一次被英雄的故事感动得流下眼泪。向秀丽是广州一个制药厂的工人,有一天,车间的酒精瓶破裂,燃起了大火,如果不及时灭火,旁边的金属钠就会爆炸。为了阻止大火蔓延,向秀丽不顾一切地扑过去,用自己的身体挡住酒精的流淌……大火被扑灭了,可向秀丽被严重烧伤,她再也没能睁开眼睛……看见我流泪,母亲说:"你要学习向秀丽,长大要为国家献出自己的一切。"

可什么是一切呢?那时候的我还不懂得什么是一切。一切是一个抽象的词,而在现实生活中,一切又是什么呢?有一次,家里来了客人,是母亲的几位同事。在他们上楼的时候,我听到了一种奇怪的声音:咚——咚——咚……仿佛有什么沉重的东西戳在地面上,我想若是在黑夜里,听到这种声音说不定我会害怕的。客人进屋后都坐下了,我看到一位大个子叔叔坐在椅子上,他伸着一条腿,身体也有点后倾,坐姿好像不舒服。后来客人们走时,楼梯上又发出咚——咚——咚……的声响。我问母亲,这是什么声音?母亲告诉我,这是大个子叔叔走路的声音,因为他安了一条假腿,是木头的,不能打弯,走路很不方便。我还是第一次听到"假腿"这个词。我问,叔叔为什么要安假腿呢?母亲说,大个子叔叔曾是中国人民志愿军战士,1951年,他跨过鸭绿江去抗美援朝,那时候朝鲜冰天雪地、炮火连天。有一天,一颗炮弹落在大个子叔叔的身边,顿时,轰的一声巨响,火光四起,他的一条腿就永远留在了战场上。在那里用鲜血和生命保家卫国的志愿军战士还有很多很多,比如黄继光、邱少云……我又一次听到母亲说:"在祖国需要的时候,我们都要勇敢地献出自己的一切,包括生命。"当时,我觉得心里有一股热流在激荡,可我那时候实在太小了,我还说不清心里奔涌的是什么,也不懂自己应该为祖国献出什么。

童年时光,母亲带我坐火车,在列车的奔驰声中,母亲会为我读书。那一次母亲给我读波兰钢琴家肖邦的故事。她说，肖邦是一位伟大的音乐家，也是一个爱国者。他曾因政局动荡而流亡法国。后来他在那里得了重病，临死前，他特别嘱咐自己的亲人："我死后，请把我的心脏送回祖国。"母亲读到这里，眼泪流下来，她对我说，什么也比不上一个人对祖国的热爱。

  2014年10月，金色的秋天，我第一次访问波兰，在华沙看到了安放肖邦心脏的地方。那会儿，我很想告诉母亲我所看到的一切，告诉她，至今我还记得她说过的那句话：什么也比不上一个人对祖国的热爱。我也想问母亲，是不是还记得那时带我坐火车的情景。车窗外，有时是远处的一座座青山，有时是辽阔无边的田野。当火车驶过黄河大桥时，那滔滔的河水，如同万马奔腾向前。母亲说，祖国就是大地，要永远爱她……

  15岁的时候，有一天，我坐在一辆卡车上，那是初春的光景。此前我生活在城市，从没有想过有一天会跟父母下放农村，也从没有想过要去的农村是什么样子。那天刮着大风，一路风沙漫天，细细的沙子打在脸上有点疼，我几乎看不到四周是什么风景。夕阳西下的时候，卡车开进了一个村子，热情的人们立刻围上来，最多的是孩子，他们跳着，欢呼着：大卡车！大卡车！人们说，过去村里几乎没来过汽车。

  那是一个贫穷的村庄，我开始了点煤油灯的日子。清晨，村口的钟响起来，一群群去地里干活的乡亲从我的小窗前经过。我每天都能看他们在地里劳作，无论是春夏还是秋冬，收了麦子种玉米，收了玉米摘棉花。年复一年，他们无怨无悔。秋天的时候，乡亲们家家户户交公粮，他们赶着装上粮食的马车、驴车，去把粮食上交给国家。一连几天，通往粮站的土路上，总有一辆辆马车、驴车，坐在车上的人有的吹着口哨，有的哼着豫剧小调，他们的脸上洋溢着丰收的喜悦。很多年后，我曾想，在那么贫穷的年代，村里的人生活那么困难，自己的粮食都不够吃，可是交公粮的时候没有半点犹豫，人们都愿意为国家献上一份力量。

每当夏收之后，村西奶奶都喊我去她家吃饭，奶奶拉着风箱，用大锅给我下挂面，煎荷包蛋，倒上香油。那时候村里的孩子想吃鸡蛋挂面要盼好多天呢。那天奶奶熬的是麦仁粥，她给我盛了一大碗。奶奶说："这是用瘪麦子熬的，孬粮食咱自己留下，咱要把最好的粮食交给公家。"我捧着那一大碗粥，忽然觉得心底又有热流在奔涌，那是一份深深的感动。老百姓把好粮食交给国家，这就是献出一切啊！

在农村的3年里，我学习当医生，为很多乡亲治好了病。我以少女的热情，深深地爱着那片土地，爱着那里的人们。我曾想，爱是一种美好的感情，也能变成一个人的理想和行动。对于祖国，或许平日里人们不会说多么爱她，可是现在，每当国庆节，我们都会收到无数祝福祖国的信息，我们祝愿祖国青山常在、绿水长流，我们祝福祖国繁荣昌盛、欣欣向荣。

祖国就像母亲，你会为她欢乐，为她忧愁，更愿为她增光添彩。这些年，我担任中国残奥委员会主席以来，曾带领中国残疾人体育代表团赴英国伦敦、俄罗斯索契、巴西里约、韩国平昌、印度尼西亚雅加达，出征残奥会、亚残运会和冬残奥会。中国残疾人运动员在国际赛场上奋力拼搏，赢得了一块又一块金牌。颁奖的时候，我看到五星红旗一次次升起，我和大家也一次次唱响国歌。2018年3月17日又是一个激动人心的日子，我在平昌冬残奥会现场，看到中国残疾人运动员在冰壶比赛中不畏强手，勇敢出击，获得了第一块金牌，这是中国队第一次获得冬残奥会金牌。当五星红旗升起的时候，我和大家都流下了热泪。有蓝眼睛的记者问我："看到升国旗你在想什么？"我告诉他，看到五星红旗我就想到了祖国，她如同血液早已融入我的生命中，也早已升华为一种力量，这是我奋斗不息的源泉。

在5000年的历史长河中，我们的无数先辈历经艰难困苦、曲折坎坷，为国家的富强和民族的振兴前赴后继，不懈奋斗，视国为家，以国家兴亡为己任。自从建立了新中国，祖国这个词把亿万人的心紧紧拥在五星红旗下，汇成巨大的建设社会主义的力量，这力量让一座座新的城市拔地而起，让一列列高铁驶向远方，这力量将一颗又一颗卫星送上苍穹，也让潜航器到达了曾经深不可测的海底。

每当国庆节，我们对祖国的爱也许是朗诵，也许是歌唱。但在平时，这份爱就是具体的，就在我们为社会的服务之中。这爱也许是平凡的，就像石油工人坚守在钻机旁，就像农民把种子播撒在田野上，还有那些守卫边关的战士，平凡得就像一棵棵小草，却以自己青春的绿色装点着大地。

今年，我们就要迎来祖国70周年的生日。几年前，母亲就跟我说了一个心愿，希望在70周年国庆那一天能去天安门，看壮阔的游行队伍，还要看夜空中绚烂的礼花。这是母亲的心愿，也是我想做的事。70年前，母亲18岁，是一个文工团团员。新中国成立前夕,他们的文工团接到任务,要在开国大典那一天,去天安门前打腰鼓。母亲说,当她和战友们得知这个消息后都无比激动,每天都沉浸在无比的欢乐之中。在急切的盼望中,他们终于迎来了1949年10月1日那一天。母亲被安排在腰鼓队的第一排,她亲眼看见了毛主席,亲耳听到毛主席庄严地向全世界宣布:中华人民共和国中央人民政府今天成立了!母亲说,那一刻天安门广场万众欢腾,尽情欢呼,声浪直冲云霄。那一天成了母亲最美好的回忆。是的,她说过,什么也比不上一个人对祖国的热爱……

目 录

第一辑 伟大复兴

中国梦 002
　　我的青春，我的西部梦 / 农村娃的世界品牌梦 / 轮椅上的出行梦 / 博士后的分享梦

峥嵘 014
　　来自天安门城楼的记忆 / 和平共处五项原则历久弥坚 / 恢复联合国合法席位扬眉吐气 / 改革开放天地宽 / 一秒都不能多等 / 世纪梦圆 /《告台湾同胞书》40周年

担当 034
　　大国重器，铸就海防 / 脚踏之地，即为国土 / 抢险救灾，我必先行 / 走向世界，守护深蓝 / 中国蓝盔，和平卫士

初心 048
　　战斗英雄张富清：功高无声，本色人生 / 王进喜："拼命也要拿下大油田"的铁人 / 烈火英雄：最美逆行者 / 敦煌的女儿樊锦诗：为莫高窟带来了"永生"

第二辑　圆梦工程

追 寻 ·· 064
　　搭乘"神舟"去太空 / 跟随"嫦娥"去月球 / 到"天宫"去做实验 / 让"北斗"为你指路

智 造 ·· 077
　　大飞机首飞 / "蛟龙"探海 / "天眼"探空 / 杂交水稻稻花飘香

力 量 ·· 088
　　为全球卫生治理提供"中国处方" / 他的名字和工作曾是中国最高机密 / 为祖国深潜 / 核心科技就是最好的力量

创 新 ·· 102
　　5G：让未来拥有无限可能 / 可以"饲养"的智能机器人 / 飞吧，无人机 / 地铁的新"外衣"

速 度 ·· 112
　　行驶速度，让距离不再遥远 / 基建速度，发生在身边的传奇 / 计算速度，从追赶到领跑世界 / 通信速度，颠覆传统生活体验

希 望 ·· 125
　　"大眼睛"的希望 / 灾难中的希望 / 关爱祖国的希望

融　合 ·· 138
　　　行者无疆　大爱援"疆" / 乡村振兴　筑梦家园

第三辑　美丽中国

辉　煌 ·· 148
　　　讲故事的人 / 从《大闹天宫》说起 / 我的书屋，我的梦

旋　律 ·· 160
　　　古老汉字，演绎现代动感旋律 / 苏绣，指尖的灵性之舞 /
　　　歌唱我的祖国，永远深情的旋律

奋　进 ·· 173
　　　许海峰：零的突破 / 刘翔：光荣与梦想 / 女排精神：爱拼
　　　才能赢 / 冬残奥会：追梦赤子心

生　态 ·· 186
　　　追寻明净的蓝天碧水 / 描绘一片绿色的大地 / 自然保护区
　　　的故事 / 雪域高原上的种子

开　放 ·· 199
　　　一生专注做一件事 / 口号里的开放史 / 追"云"的人

共 享 ·· 209
　　巾帼竞芳菲，共筑中国梦 / "互联网＋"时代，打出扶贫组合拳 / 从一枝独秀到春色满园

和 谐 ·· 222
　　和谐：人与自然的相亲相爱 / 和谐：亲朋邻里盛开的文明之花 / 和谐：人类社会对美好未来的憧憬

大 同 ·· 232
　　大国担当：授人以鱼，更授人以渔 / 人工智能、无人驾驶技术、支付技术出海加速 / 共同促进地球村繁荣和安宁

第一辑

伟大复兴

中国梦

千百年来,人类都相信,梦是有力量的。它在心的最深处生长,在脑海间往复勾勒,成就了一段又一段人类传奇。

有这样一个梦,它沐浴风华,气贯长虹,它叫中国梦。

这个梦跨越时空而来,又乘着希冀和理想的圣洁,朝着未来奔去——它是国家民族复兴之梦。

一路号角,一往无前,这个梦召唤起每一个微小的力量和每一个平凡之中不凡的追寻与担当——中国梦首先是近14亿中国人民的共同梦想。

"实现中华民族伟大复兴,就是中华民族近代以来最伟大的梦想。"2012年11月29日,习近平总书记掷地有声地把中国梦说给大家听。伟大的梦想,需要伟大的事业来成就;伟大的工程,需要伟大的力量来实现。中国共产党一成立,就把实现共产主义作为党的最高理想和最终目标,义无反顾地肩负起了实现中华民族伟大复兴的历史使命,团结带领人民进行了艰苦卓绝的斗争,谱写了气吞山河的壮丽史诗。

中国共产党的十九大把习近平总书记新时代中国特色社会主义思想确立为全党的行动指南,对新时代中国特色社会主义发展做出战略部署,决胜全面建成小康社会。全面建设社会主义现代化国家的宏伟蓝图已经绘就,中国梦的轮廓更清晰。

　　85个贫困县（市、区）在第五个国家扶贫日脱贫摘帽，169个城市PM2.5平均浓度8月份同比下降6.9%……一组又一组数字刷新前行的速度。深化党和国家机构改革、雄安新区建设、乡村振兴、生态环境持续改善……突破、奋进，中国筑梦的根基愈加稳固。

　　中国人民发自内心地拥护实现中国梦，因为个人与国家、民族利益的一体化，就是最可靠、最可倚重的力量。走中国特色的社会主义道路，弘扬民族精神，凝聚中国力量，通过政治、经济、文化、社会、生态文明五位一体建设，实现国家富强、民族振兴、人民幸福。每一个中国人都踏上了属于自己的圆梦旅程……

中国梦,描绘着时代最为壮阔的梦想图景,汇聚起中国最为持久的追梦力量。

梦想,是一切奋斗的起点。

我的青春,我的西部梦

要志存高远,增长知识,锤炼意志,让青春在时代进步中焕发出绚丽的光彩。

——习近平

中国梦是追求幸福的梦。而幸福是什么?这可能需要人穷尽一生的时间来追寻答案。对于行走在青春路途上,创造自己的幸福,也给予他人幸福力量的人来说,"创造"与"给予",本身就是一种幸福。

2013年3月17日,习近平总书记为14亿中国人再绘"中国梦"时,他寄语广大青少年:"要志存高远,增长知识,锤炼意志,让青春在时代进步中焕发出绚丽的光彩。"这是党对青少年的殷殷期盼,也是国家对青少年的声声呼唤。用飞扬的青春助力飞扬的中国梦,这是中国梦的圆梦旅途上多么亮丽的风景!

放飞梦想真情投递
一代代英才开拓进取
因为这个选择
西部的明天更加美好

第一辑 伟大复兴

因为这个选择
我们的青春更添壮丽
……

西部计划志愿者之歌《到西部去》中这样唱道。听到这样的歌词，人们耳畔仿佛吹响了嘹亮奔放的号角，胸中涌起青春无悔的万丈豪情。在祖国西部的巍巍高原、茫茫戈壁和边疆山区里，孩子们那像天空一般纯澈的眼神，如花朵般绽放的可爱笑容，就是让青年志愿者去西部支教的梦之手。

从河北的一所高校毕业，赵莲就站在了自己的人生路口。如果她愿意，她可以在城市里找一份不错的工作，平静安逸地生活。可是，她踏上列车，奔往祖国的西部，成为一名无私奉献的西部计划志愿者。

满腔热血化作志愿服务动力，追寻人生真谛，支撑执着梦想，我将用心感悟、用心生活、用心服务、纯粹而不矫揉，宁静而不寂寞，在西部的广袤天地里实现自我价值，造就属于自己的不平凡的人生。

赵莲写下这些话，用平实的语言表达了她内心无比坚定的信念。来到贵州省的毕节黔西，赵莲在共青团黔西县委扎下了根，当上了志愿者联络员和贵州公益平台的专项负责人。当时一共有60名西部计划志愿者，他们分别在各个乡镇开展服务。

对于女儿这样的选择，赵爸爸和赵妈妈很不理解。南方的天气潮湿，南方人喜欢吃辣椒，南方聚居的少数民族多，语言难懂……

南方与北方之间存在的巨大差异，在赵莲爸妈看来都是难以"战胜"的挑战，都是他们嘴里挽留的理由。唯独叔叔是支持赵莲的，要说对西部以及当志愿者的了解，没人比他更有发言权。早在2005年，他就去过西部支医。有叔叔帮忙劝说，赵莲终于取得了爸爸妈妈的同意。

赵莲的日常工作是对志愿者进行管理、报送资料、走访慰问、收集整理贫困儿童资料并按时上报等。和其他志愿者一样，她果真遇上了饮食、语言等生活上各种不习惯的情况，但她没说苦、不叫累，也没想过要中途离开。他们努力适应当地的环境和生活条件，做好本职工作的同时还走访贫困家庭，寻找爱心人士，开展一对一结对帮扶工作。

一年的志愿服务工作干下来，赵莲利用周末时间走访了9个乡镇，看望了31名志愿者。每每在走访中看到因为家庭贫困而上不起学的孩子，父母在外打工，小小年纪就辍学在家干家务，只能和年迈的爷爷奶奶相依为命的孩子，赵莲都心痛不已。她说："通过这些走访和接触，我深切感受到当地群众对我们大学生志愿者的热忱和对人才的渴求与尊重，也激发了我对工作的热情，增强了我的历史责任感和使命感。"通过一年的走访和上报，赵莲成功结对64名学生，给他们的学业提供了保障。

"这里层层叠叠的大山遮住了孩子们的眼睛……来到贵州，我真正地体会到了山区孩子对知识的渴望，对外面生活的向往，作为一名青年，一名西部计划志愿者，我应该有担当、有责任，为黔西，在自己服务的这片热土上发挥自己的一份光和热。"

"我要实现自己的中国梦，做一名合格的西部计划志愿者，继续用更多的时间和精力寻找、发动更多的爱心人士和企业，使他们尽快加入到'结对帮扶'的队伍中来,在更大程度上帮助这里的孩子,贡献自己的一份力量,让孩子们能把学业进行到底,将来用知识回报社会,建设自己的家乡——美丽的贵州。"赵莲说起自己的中国梦,显得那样简单而纯粹。

农村娃的世界品牌梦

实现中国梦必须走中国道路,必须弘扬中国精神,必须凝聚中国力量。

——习近平

一个农村娃和世界品牌能发生奇妙的连接?这听起来多少有些不可思议。

这个农村娃的名字对大多数人来说都是陌生的,可他创造的品牌却家喻户晓,它就是把温暖留在寒冷里的中国羽绒服品牌翘楚——"波司登"。43年前,"波司登"在江苏省常熟县一名年轻的乡村裁缝高德康手里诞生。当初那个拥有8台缝纫机、11个工人的乡野小作坊,如今已变成了羽绒服年产量占全球市场总量1/3的中国500强企业。

1976年,高德康带着10个裁缝成立了一个小缝纫组。这个小缝纫组所拥有的"设备"就是8台家用缝纫机,外加一辆永久牌自行车。一开始,小缝纫组只能接一点来料加工的活儿,赚取手工费。一次偶然的机会,一家企业让他们包工包料生产,于是小缝纫组尝试着自己采购材料、加工,把完整的产品交付给那家企业。一算账,

高德康就有了新发现——原来，包工活可要比加工活挣得多得多。高德康开始主动出击，给小缝纫组寻找包工活！

1980年，小缝纫组搬进了一座二层小楼，小缝纫组摇身一变成了服装厂，取名叫"山泾村服装厂"。高德康身为一厂之长，经常要去上海跑业务，揽一些活儿回来。那时的交通不发达，高德康出门能坐上公共汽车就很不错了。为了节约时间，高德康就骑自行车去上海，在沙石路上骑行5个小时，征服80千米的路程。可是，高德康的服装厂毕竟是一家村办小厂。在上海这样的大都市，要找有实力的大合作方不难，难的是怎么让人家信任这家村办小厂呢？

一次，一家上海企业要把最难的活儿交给高德康——做中式棉袄罩衣、中西式罩衣和盘各种花纽。"我们必须接受这样的考试，考试合格了，人家才给你活做。不就是难一点吗？越是难的东西，我就越要当作一门新的技艺去学习，等完成了，也学会了，你也就知道我的能耐了！"高德康暗暗下定决心。凭着这股子不服输的劲儿，他们果真完成了任务。凭借过硬的质量，这家村办小厂的名声渐渐大了起来。

接下来，高德康又不满足了，做大做强就得强强联合，他决定找一家知名工厂来合作。1987年，高德康和上海天工羽绒服装厂达成合作，他把自己的工厂更名为"上海天工服装厂常熟分厂"，每年向上海天工羽绒服装厂缴纳15万元品牌使用费，他自己生产和销售"秀士登"牌羽绒服。1989年，全国各地销售商纷纷要货，"秀士登"牌羽绒服供不应求。高德康的工厂第一次赚到了100万。既然"秀士登"牌羽绒服这么畅销，干吗不自己做呢？高德康觉得："是时候做自己的品牌，做自己的事业了！"

1992年，高德康投入2000万元，建起占地7万平方米的厂房、办公楼，引进了当时较为先进的生产流水线，企业生产能力迅速扩大。这一年年底，高德康注册了商标，取名"波司登"，迈出了打造自主品牌的步子。

不为别人加工，生产自己的品牌，这条路看起来光鲜荣耀，其实并不好走。开始生产"波司登"羽绒服没多久，高德康的公司就遇到了一场大危机，经济形势不好，羽绒服产品严重积压。高德康沉下心反思，他发现自己的产品定位和企业管理都存在不少问题，于是，他在公司里大刀阔斧地进行改革。

1995年初，高德康去国内寒冷的东北地区考察市场，回来后就拿出了一系列的产品改进方案，比如他把羽绒服中的绒朵含量由30%提高到70%（后来又提高到90%）；引入时装元素，在如何把厚重、臃肿的羽绒服"时尚化"上动脑筋。1995年冬，新亮相的"波司登"羽绒服大受欢迎，一下子卖出了68万件，坐上了国内羽绒服市场的头把交椅。高德康大力推动以设计师为导向的创名牌工程，并且把视野放到了竞争更加激烈的国际市场，"有了创新支撑，传统产业照样可以冲击国际化"。高德康誓要打破"中国制造"品质低端、假冒伪劣产品多的"世界印象"。

凭借强大的创新能力和优质的产品，"波司登"羽绒服走出国门，一步步成功地打入海外市场。到现在，"波司登"羽绒服畅销全球72国。"成为一家令世人尊敬的世界知名综合服装品牌运营商"，这就是农村娃高德康的品牌梦。

轮椅上的出行梦

2008年北京残奥会有这样一个火炬手，他叫王晓谦，曾经是军官、交警，拥有别人羡慕的健康体魄，可是突然厄运来敲门，他变成终身残疾，他经受的精神摧残和身体苦痛，外人是很难想象的。

1999年，王晓谦结束10年的部队生活，转业到呼和浩特市交警支队。全新的生活才刚开始，11月他却在执勤过程中遭遇了车祸，被诊断为胸椎骨折、脊髓损伤性截瘫，这吓人的诊断结果告诉王晓谦一个未来——他将在轮椅上度过余生。对一个年仅28岁的青年人来说，这场残酷的宣判犹如晴天霹雳。在不幸面前，堂堂7尺男儿也常常在夜里以泪洗面。

不久，双胞胎女儿出生了。看着活泼可爱的新生命，王晓谦一点点攒起生活的勇气。他积极投入到康复治疗和体能锻炼中，更投身到残疾人运动中。

2004年，王晓谦选择了残疾人坐姿射箭运动。赛场背后的训练枯燥乏味又艰苦，他咬着牙挺住，只为向别人证明："我能行！"当年，他获得了全区第二届残运会30米和50米坐姿射箭两块金牌，随后又在一系列比赛中取得好成绩。2008年，他光荣地成为北京残奥会火炬手。

2010年4月，残疾人考取机动车驾驶证的条件限制放宽了，残疾人也可以开车啦！这个好消息点燃了残疾人的出行热情，尤其让王晓谦喜出望外。他和另外35名残疾人随后成为呼和浩特市首批通过考试，取得机动车驾驶证的人。在王晓谦看来，出行不应当成为残疾人的生活屏障，残疾人也需要走出家门，融入社会。于是，2011年3月，王晓谦和5位伙伴成立了呼和浩特首个轮椅汽车俱乐部。平时，俱乐部免费传授驾车方法、讲解相关法律法规。许多残疾人梦想拥有自己的驾照，但其中部分人家庭生活实在困难。王晓谦多次向呼和浩特市残联寻求支持，最终争取到了每人1000元的培训资金补贴。俱乐部先后为136位新领到驾驶证的残疾人发放了补贴。一年多时间里，俱乐部会员由36人发展到近200人。之后，他们又组织了俱乐部爱心车队，开展各种各样的活动。

13岁的脑瘫患者小伟（化名），就是跟着俱乐部爱心车队看到了人生中的第一场电影。第一次看到和家里电视不一样的大银幕，他激动不已。他断断续续地表达自己的心声："叔叔阿姨答应以后再来接我们去看电影，我长大也要像他们一样帮助别人。"

王晓谦积极为残疾人事业奔走忙碌，他策划了"推动无障碍出行——全国残友相约呼包鄂"活动，邀请各地的残疾人来草原旅游、考察。他还计划将轮椅汽车俱乐部注册为协会，希望可以竭尽所能，给残疾朋友们提供一个更大更温暖的平台。

博士后的分享梦

"你知道玉米'儿童'时期的模样吗？"

"想种菜吗？家里有旧篮子就可以，一个破口袋也可以，废旧轮胎也可以。"

……

随着技术的发展，中国紧跟世界的步伐进入了分享经济时代。热爱土地、热衷耕作的清华大学博士后石嫣，当起了分享时代的"新农夫"。

我和我的祖国
WO HE WO DE ZUGUO

石嫣在北京市通州区马坊村一个300余平方米的小院里，创办了"分享收获"社区支持农业项目，她是项目的负责人，她拥有3个农场、40头猪、2000只鸡、30只鹅、4条狗、3只鸭子。

"社区支持农业"是社区每个人对农民生产做出承诺，让农民与消费者互相支持以承担农产品生产的风险并分享收获，而农民则负责任地对待土地并进行生态耕作，每种蔬菜都有唯一的管理编码。简单来说，就是消费者预支菜金，农民悉心耕作，双方共担风险，然后在收获时由项目组织者负责将当季蔬菜按时送到消费者家中。石嫣的"分享收获"项目采用和当地农户直接合作的方式，与农户协商制订生产计划和生产规范，在农户自己的土地上种植，在保证生态种植方式和基本运营成本的前提下，把更多利益留给农民和消费者。

"菜把式"郎叔是北京市通州区西集镇马坊村的一位普通村民，他家也是"分享收获"的第一户合作农户。他们有20多年的蔬菜种植经验，种着60余亩土地，曾因收入不高而改种大田作物。如今，他们已经参与生态农业种植一年了，在与消费者共担风险的前提下不但收入有保证和提高，而且能够踏实快乐地在土地上耕作。

"人无'良心'，便种不出'良食'；没有安全感的土地，生长不了能给人安全感的果实。"石嫣体会到，"保证生态种植"也就意味着农户爱惜自己的土地、不让化肥农药损害它，并且想尽办法种出"良食"。一年之中，合作的农户增加达到了400余户，"分享收获"的团队付出了很多。队员们大部分都是80后，很多为当"新农夫"而辞去了工作，每月工资两千余元，包吃包住。他们每天晚上7点半停止给消费者配菜，第二天一大早5点出车配送。"日出而作、日落而息"，小院儿的夜晚虽然没有电视，没有觥筹交错，但是有歌声、有讨论声、有笑声。

石嫣说："他们都如此热爱农业。'分享收获'希望能给想做农业的年轻人一个强大的社区，支持大家不随波逐流也不妄自菲薄。"在这个"大家庭"里，石嫣被大家称为"掌柜的"，她和丈夫程存旺也是在农场相识，在农场结婚，甚至当天的婚宴食材都是自家地里的菜。对于石嫣来说，幸福就是"吃到天下最新鲜的食物"。每5户消费者加入，就可以让一亩土地脱毒；每10户消费者加入，就可以让一个农民健康耕作；每100户消费者加入，就可以让5个年轻人留在乡村工作；每1000户消费者加入，就可以有一个可持续发展的乡村。

现在，石嫣的梦想更大了，她和团队里的年轻人除了希望带动当地农户参与生态农业种植、增加收入外，还希望随着参与农户的增多，能够带动当地的农民成立自己的种植专业合作社，提高农民的组织化程度，加强农民在生产端的话语权。他们更希望"分享收获"能给村庄带来新的生机与活力，通过一些文化学习、交流活动，丰富村民的精神文化生活，改善村庄的环境，促进村庄的可持续发展。

中国梦归根到底是人民的梦，必须紧紧依靠人民来实现，必须不断为人民造福。

——习近平

峥 嵘

毛泽东主席在民族危难、抗日救亡之际,曾气吞山河地宣示:"我们中华民族有同自己的敌人血战到底的气概,有在自力更生的基础上光复旧物的决心,有自立于世界民族之林的能力。"这个声音至今震撼着每一个中国人的心灵,激励着中华民族为实现民族复兴而艰苦奋斗、自强不息。

70年前,旧中国战乱频发、山河破碎,国家和民族处于水深火热、一穷二白的悲惨境地;而如今,中国早已旧貌换新颜,亿万人民筚路蓝缕、胼手胝足,战胜了一个又一个艰难险阻,创造了一个又一个彪炳史册的人间奇迹。中国,从一个积贫积弱的国家,一跃成为当今世界第二大经济体,综合国力的历史性跨越令世人瞩目。中国傲然屹立于世界东方。

光阴荏苒,日月如梭。新中国成立70周年,在人类漫长的历史长河中只是短暂一瞬,在中华民族发展史上也只是弹指之间,然而中华民族和中国人民的命运却发生了翻天覆地的变化。我们的祖国从来没有像今天这样繁荣昌盛、美丽富饶;我们的民族从来没有像今天这样意气风发、自信满怀;我们的人民从来没有像今天这样安居乐业、丰衣足食。忆往昔峥嵘岁月稠,神州大地沧桑巨变、换了人间。

凡是过去,皆为序章。只有曾经饱受欺辱的人民,才知道独立自强的重要;只有创造过辉煌的民族,才懂得努力奋斗的意义。从历史深处走来的古老而年轻的中国,必将风雨无阻、勇往直前,在峥嵘岁月里,最终抵达民族复兴的梦想彼岸。

第一辑　伟大复兴

来自天安门城楼的记忆

　　五星红旗迎风飘扬
　　胜利歌声多么响亮
　　歌唱我们亲爱的祖国
　　从今走向繁荣富强
　　……
　　宽广美丽的土地，是我们亲爱的家乡
　　英雄的人民站起来了，我们团结友爱坚强如钢
　　……

我和我的祖国
WO HE WO DE ZUGUO

  1949年10月1日，这是一个永远为中国人民所纪念的日子。这一天，北京30万军民聚集在天安门广场上举行开国大典。人群和旗帜、彩绸、鲜花、灯饰，汇成了喜庆的锦绣海洋。

  "10月1日下午2点过一点，我们参加政协一届会议的中华全国学生联合会的10名代表就来到了天安门城楼下。"人力资源和社会保障部离休干部、80岁的方光宇回忆说，"我们是从东华门进去的，穿过紫禁城，在城楼下等候毛主席和其他领导人。我印象很深，我们是到得最早的。大家都怀着激动的心情静静地等待着。"

  "快到3点的时候，毛主席他们来了。"方光宇的眼睛里闪动着光芒，"在人们的欢呼声中，毛主席和其他领导人从城楼西侧拾级而上。尽管之前在政协会议上天天都能见到毛主席，但那一刻我觉得他跟平常不一样。他穿着深灰色的中山装，健步而上，走在最前面，背影充满自信，格外伟岸。"

  "周总理那天也特别精神，他边走边跟前后左右的民主人士谈笑着，招呼大家一起前行。每个人的脸上都充满喜悦。"方光宇说。

  "当毛主席出现在天安门城楼上时，整个天安门广场沸腾了，无数红旗迎风招展，宛如一片红色的海洋，30万群众的鼓掌声和欢呼声震耳欲聋，我感觉心脏都要跳出来了。"方光宇激动地说。

  3点整，中央人民政府委员会秘书长林伯渠宣布典礼开始，邀请主席就位，军乐队演奏《义勇军进行曲》。毛泽东主席随后庄严宣布："中华人民共和国中央人民政府今天成立了！"会场里，所有人的眼里都闪烁着泪花。这庄严的宣告，这雄伟的声音，经过无线电广播，传到长城内外，传到大江南北，震撼了北京城，震撼了全中国，震撼了全世界，使全中国人民的心一齐欢跃起来。

  毛泽东主席按动电钮，在《义勇军进行曲》中，新中国第一面

第一辑 伟大复兴

五星红旗在首都北京冉冉升起。"升得好！"毛泽东主席看着乘风而上的国旗，脱口高声喊道。

升旗的同时，54门礼炮齐鸣28响，如报春惊雷回荡在天地间，它标志着中国共产党领导中国人民英勇奋斗28年，终于取得了中国新民主主义革命的最后胜利。当国旗升到杆顶的那一刻，广场上的数十万群众再一次沸腾了，欢呼、跳跃、鼓掌！那震撼人心的呐喊声甚至盖过了隆隆的礼炮声。

"那一刻泪水模糊了我的视线，我们望着毛主席的位置不停地跳，不停地鼓掌，甚至连礼炮声都没有听到。"白发苍苍的方光宇用手拭了拭眼角的泪花。

紧接着，毛泽东主席宣读《中华人民共和国中央人民政府公告》，声音特别洪亮。当他读完结尾"特此公告"这4个字时，全场又是雷鸣般的欢呼声！接着，受检阅的部队由聂荣臻将军率领，在《中国人民解放军进行曲》的乐曲声中，由东往西，缓缓进场。

戴着雪白的帽子，穿着海洋一样蓝的军服的海军首先步入广场。接着，步兵以连为单位，列成方阵，齐步行进。然后是炮兵的一个师，排成了一字形的横列前进。还有一个战车师，各种战车2辆或3辆一排，整整齐齐地前进；战车上，战士们骄傲地挺着胸膛。最有趣的是骑兵师，"红马连"一色红马、"白马连"一色白马，5匹马并行走成一排，马腿的动作几乎完全一致，嘚嘚嘚、嘚嘚嘚——又整齐又威武。

战车部队经过的时候，人民空军的飞机也一队队排成人字形，飞过天空。人们把头上的帽子、手里的报纸和别的东西抛上天去，欢呼声盖过了飞机的轰隆声。

傍晚，阅兵式完毕。天安门广场上的灯笼、火把全都点起来，

一万支礼花陆续射入天空。大家擎着灯,舞着火把,大声欢呼。光明笼罩整个北京城。庆祝活动到晚上9点多钟结束,但欢乐的人群依然抑制不住内心的兴奋。无数群众举着红灯在城里游行,直到深夜,首都还沉浸在狂欢的气氛中。随后,狂欢的浪潮扩展到全国各地,从城市到乡村,解放了的人们欢呼着、跳跃着,每个人都从心中发出同一个声音——中国人民站起来了!

"一唱雄鸡天下白。"新中国的诞生犹如磅礴的日出,一扫旧中国的沉沉黑暗,照亮了民族复兴的崭新征程,中国人民开始了改造山河、建设祖国的壮举。紧接着,中国人民创造性完成了对农业、手工业和资本主义工商业的社会主义改造,确立了社会主义基本制度,完成了中华民族有史以来最为广泛而深刻的社会变革,为当代中国的发展和进步奠定了基础。

中华人民共和国成立是20世纪世界历史进程中的重大事件,实现了中华民族的独立和解放,中国人民从此成为国家的主人。新中国的诞生不仅意味着中国历史进入了一个新纪元,也影响着世界历史的发展进程。作为拥有世界近1/4人口的大国,新中国的成立冲破了帝国主义的东方战线,壮大了世界和平、民主和社会主义的力量,鼓舞了世界被压迫民族和被压迫人民反帝国主义、反殖民主义斗争和民主革命运动,引领了二战后广大发展中国家争取国家独立的民族解放运动。中国从此走上了独立、民主、富强的道路。

和平共处五项原则历久弥坚

和平共处五项原则最早是周恩来总理于1953年12月底在会见

来访的印度代表团时提出的。当时，中国政府代表团和印度政府代表团就中印两国在中国西藏地方的关系问题在北京展开谈判。周恩来总理指出："两个大国之间，特别是像中印这样两个接壤的大国之间，一定会有某些问题。只要根据这些原则，任何业已成熟的悬而未决的问题都可以拿出来谈。"

1955年4月18日至24日，亚非会议在印度尼西亚万隆举行，这是历史上第一次由亚非国家自行发起召开、讨论与亚非各国相关的重大问题的国际会议。然而，会议开始时气氛并不友好，有的国家对新中国深怀疑虑甚至抱有对立情绪。轮到中国代表团发言的时候，会场里鸦雀无声，所有人的目光都集中在中国总理的身上。

周恩来总理临时决定，在大会上做一个补充发言，提出了求同存异的主张。他说："我们之间共同的地方是绝大多数国家都承受过西方殖民主义的灾难和痛苦，我们有什么理由不可以互相了解、尊重和支持呢？"周恩来总理的发言，使会议气氛为之一变，让亚非会议绕过了暗礁，回到了"求同存异"的航道上，争取和团结了一大批亚非国家。29个国家和地区的304名代表在历时7天的会议中，冲破了帝国主义的阻挠和破坏，取得了诸多重要成果。会议公报中《关于促进世界和平与合作的宣言》强调，中国政府倡导的"互相尊重主权和领土完整、互不侵犯、互不干涉内政、平等互利、和平共处"五项原则，是亚非国家对国际关系准则的重要贡献。万隆会议上，周恩来总理以他的人格魅力、政治智慧和平等态度释疑、解惑、息争，促进了亚非团结，赢得了各方崇敬和钦佩。新中国的外交，就这样艰难地开拓出了广阔的前景。

半个多世纪以来，和平共处五项原则不仅成为中国奉行独立自主和平外交政策的基础，而且也被世界上绝大多数国家接受，成为

规范国际关系的重要准则。它显示了强大的生命力，在促进世界和平与国际友好合作方面发挥了巨大作用。中国不仅是和平共处五项原则的倡导者之一，而且是其忠诚的奉行者。在这五项原则的基础上，中国与绝大多数邻国解决了历史遗留的边界问题，与世界上大多数国家建立了外交关系。

70年栉风沐雨，人们在中国的发展中看到和平力量的壮大，感受到友谊与合作的传递。中国树立了各国无论大小强弱均应平等相待的原则，赢得了各国尤其是第三世界国家的尊重。

恢复联合国合法席位扬眉吐气

新中国成立后，因为受到重重阻挠，中华人民共和国一直没能取得联合国的合法席位。外交权利和外交地位是国家尊严的体现，绝不能被忽视。为此，中国人民付出了巨大的努力。1971年10月25日，联合国大会第26届会议就"恢复中华人民共和国在联合国的一切合法权利，立即把蒋介石集团的代表从联合国及其所属一切机构中驱逐出去"的决议进行表决。表决的结果是，决议以76票赞成、35票反对、17票弃权的压倒多数通过，新中国从此恢复联合国合法席位。

当电子计票牌显示出表决结果后，会议大厅里掌声轰鸣，持续达两分钟之久。不少国家的代表放声高歌，热烈欢呼。这是一个值得中国人民以及全世界热爱和平、主持正义的国家和人民感到自豪的时刻。中国政府当即决定积极参加联合国的活动。

1971年11月份，时任外交部部长乔冠华带着无数国人的希望，

第一辑 伟大复兴

远赴美国出席第 26 届联合国大会并争取新中国的合法权益。乔冠华此行背负的是中国人多年来的期盼和梦想，此行决定了中国是否能在世界各国之间拥有话语权。这是自 1950 年中国政府特派代表出席联合国安理会以来，中国代表第一次踏上美国领土。飞机在纽约落地之后，乔冠华还没来得及休息就带着工作人员马不停蹄地奔赴各个酒店，去和各地的领导人会面，乔冠华想让世界都感受得到中国人的热情和中国这些年飞速的变化。

中国代表团出席第 26 届联合国大会的首项重要任务是准备乔冠华团长在联合国大会全体会议上的第一篇发言。这是中华人民共和国首次在世界最大的国际组织——联合国亮相，发言内容将传播到世界的每一个角落。发言稿是在国内准备的，长达七八千字，是经过周恩来总理亲自修改和毛泽东主席定稿的。在国内，代表团已准备好了英语、法语的译文，到现场后又继续修改完善，最后定稿，打印 300 份。

这一天很快就到来了，1971 年 11 月 15 日上午，这是乔冠华部长第一次在联合国大会上演讲，他的语言和状态代表着国家的形象和态度；中国的这一头，很多人守在电视机跟前，等着前方的捷报。当风度翩翩的乔冠华部长出现在联合国大会会场时，他立即成了各国记者关注的焦点。乔冠华部长的发言约 45 分钟。尽管在美国政府的阻挠下，联合国剥夺了新中国的合法权利长达 22 年，但乔冠华部长的发言平心静气地摆事实、讲道理，庄严地阐明了中国政府在一系列重大国际问题上的原则立场，发言宣布："联合国的事，要由参加联合国的所有国家共同来管，不允许超级大国操纵和垄断。中国现在不做，将来也永远不做侵略、颠覆、控制、干涉和欺负别人的超级大国。我们将和一切热爱和平、主持正义的国家和人民站在一

起，为维护各国的民族独立和国家主权，为维护国际和平、促进人类进步事业而共同努力。"

当他的发言结束的时候，掌声和欢笑在大厅爆发，久久不能平息，背负了巨大压力的乔冠华此刻卸下了所有的包袱，虽然知道有摄像机在跟前，他还是大笑出声。乔冠华的这一笑，被摄像机捕获了下来，成了中国在历史上扬眉吐气的标志之一。

当时，新中国代表团虽然打印了很多份乔冠华部长的发言稿，但仍被一抢而空，大家都想看看中国人的看法、听听中国声音。发言结束后，几十个国家的代表把乔冠华部长围住，排着队跟他握手，向中国重返联合国表示祝贺。这超过了任何一个国家在一般性辩论发言时所受到的礼遇。大会一直开到夜里11点，时任美国常驻联合国代表的老布什作为东道国的代表，也对中国代表团表示了欢迎。

从此，中国在联合国中的代表权问题从政治上、法律上、程序上都得到公正、彻底地解决。中国在联合国合法席位的恢复，是超级大国敌视、孤立和封锁新中国政策的破产，是我国在外交战线上取得的一个重大胜利，标志着中国外交从此开启了一个崭新的时代。尤其是增强了联合国的普遍性和代表性，使联合国这一最重要的全球性国际多边组织实至名归、名副其实。自此，中国能更好地展现中华多元化文明的真正精华和底蕴，建设并释放一个伟大国家和伟大民族的积极向上和勃勃生机。

第一辑 伟大复兴

改革开放天地宽

1979 年
那是一个春天
有一位老人在中国的南海边画了一个圈
神话般地崛起座座城
奇迹般地聚起座座金山
春雷啊唤醒了长城内外
春晖啊暖透了大江两岸
……

"东方风来满眼春。"1978 年 12 月,党的十一届三中全会胜利召开,中国人民自此走上了富起来的康庄大道。改革开放好似浩荡的春风,吹遍了神州大地。伟大祖国万物复苏,呈现出一派生机勃勃的景象。我们国家把党和国家工作重心转移到经济建设上来,开辟中国特色社会主义道路,确立社会主义初级阶段基本路线,把改革开放和社会主义现代化建设一步一步推向前进。

习近平总书记在庆祝改革开放 40 周年大会上说,改革开放是我们党的一次伟大觉醒,正是这个伟大觉醒孕育了我们党从理论到实践的伟大创造。改革开放是中国人民和中华民族发展史上一次伟大革命,正是这个伟大革命推动了中国特色社会主义事业的伟大飞跃!

41 年间,中国取得了举世瞩目的伟大成就,从国防实力到航天圆梦,从文化建设到科技创新都发生了翻天覆地的变化。百姓的衣着从"黑白灰"三色为主的粗布衣裳走向时尚个性化;饮食从食物

匮乏、物资紧缺,吃什么都要凭票购买走向不但要吃饱还要吃好,讲究营养均衡、粗细搭配、绿色养生;住房从单元楼、筒子楼、平房和大杂院走向社区式住宅;出行方式从自行车、公交车走向地铁、高铁、飞机、网约车、共享单车……

从"小病拖、大病扛"到分级诊疗、三医联动,我国已基本建成覆盖城乡的基层医疗卫生服务网络,着力打造家门口的"15分钟医疗圈"。老百姓对"病有所医"的期盼,正转化为看病就医实实在在的实惠。

从广播体操一统天下到健美操、游泳、球类运动、广场舞等有氧锻炼的方法纷纷涌现。帆船、击剑、赛车、马术、极限运动等具有消费引领特征的运动项目也渐成气候。从历时200余天,参加人次超过千万的上海市民运动会到"村村有队伍,乡乡有比赛"的国家级贫困县山西代县秧歌联赛,从北京冬奥会引领3亿人参与冰雪运动到全运会引入群众项目,全民健身与竞技体育比翼齐飞。

从"没学上"到"有学上"再到"上好学",我国教育大步向前。从凤毛麟角的"天之骄子",到高等教育进入大众化、迈向普及化,越来越多的人走进了高等教育的殿堂。近年来,国家财政性教育经费支出占国内生产总值比例连续保持在4%以上。人人都有受教育机会,人人享有学习途径,学有所教,全民教育真正落到了实处。

占全球GDP比重达15.2%,对世界经济增长贡献率超过30%,常住人口城镇化率达58.52%,中国已经成为世界第二大经济体、第一大工业国、第一大货物贸易国、第一大外汇储备国……每一个数字背后都有每一个平凡的中国人努力奋斗、顽强拼搏的身姿,每一个平凡的中国人都有着共同的名字——"奋斗者""追梦者"。

第一辑 伟大复兴

的确，走过 41 年，改革开放路上的亿万人民，对未来充满更加热切的渴望，对明天充满更加坚定的自信。我们回首 41 年春华秋实，也正是为了更好地从这段光辉历程中汲取前行的勇气和力量，在新时代将改革开放继续推向前进。41 年转瞬即逝，不变的是我们对于美好生活的向往与追求从未停歇。

一秒都不能多等

让海风吹拂了 5000 年
每一滴泪珠仿佛都说出你的尊严
让海潮伴我来保佑你
请别忘记我永远不变黄色的脸
……

1982 年，英国首相撒切尔夫人访华。12 月 19 日，中国政府和英国政府在北京正式签订《中英关于香港问题的联合声明》，规定中华人民共和国政府自 1997 年 7 月 1 日起对香港恢复行使主权。

1997 年 6 月 30 日晚上 9 时中国人民解放军先头部队进入香港，和英方在威尔士亲王军营进行防务交接。谭善爱中校瞪着大眼睛，对英方卫队长埃利斯说："我代表中国人民解放军驻香港部队接管军营，你们可以下岗，我们上岗，祝你们一路平安。"此后这句话被多种场合反复提及，成为历史的一个注脚。

1997 年 7 月 1 日 0 时 0 分，激动人心的神圣时刻到来了：中国人民解放军军乐团奏起雄壮的中华人民共和国国歌。中华人民共和

我和我的祖国
WO HE WO DE ZUGUO

国国旗和香港特别行政区区旗一起徐徐升起,香港准时回归祖国怀抱。大会堂全场肃立,几千双眼睛向鲜艳的五星红旗和紫荆花区旗行注目礼。这是中华民族长久期盼的一个瞬间,这是永载世界史册的一个瞬间。

这一历史性的瞬间,是中国人民的共同记忆。很多人不知道的是,为了五星红旗一秒不差地升起,背后还有一段波折插曲。对于时任外交部礼宾司副司长、交接仪式总指挥的安文彬来说,他最重要的任务便是保证五星红旗在7月1日0时0分0秒准时升起,让香港的主权准时回归祖国,而这成了中英双方谈判最大的分歧所在。英方代表坚持要在7月1日0时0分0秒降下英国国旗。但我们已经等了100多年了,一秒钟都不能再等了。安文彬代表我方坚持英国国旗必须要在6月30日23时59分58秒降落。为了这短短的2秒钟,双方进行了16轮艰苦的拉锯式谈判,但结局是圆满的。

为了保证一秒不差地完成升旗任务,在香港回归之前的一个多月时间内,升旗手朱涛除了吃饭睡觉,所有的工作都是练习升旗动作。他练习了5000多遍升旗,平均每天练习160多次。高强度的训练使他的手臂肌肉多次拉伤,手指也磨破了,结出厚厚的茧。虽然苦练许久,但到了现场大家没有预料到的事情发生了,原本按照约定英国应该在23时59分58秒结束奏乐降下英国国旗,但英国国歌快了12秒奏完。朱涛内心非常紧张,但他知道自己所做的一切都代表着祖国,他保持镇定,最终"一秒都不差"地升起了国旗。

0时4分,时任中华人民共和国主席江泽民庄严宣告:中国对香港恢复行使主权,中华人民共和国香港特别行政区正式成立。经历了百年沧桑的香港终于回归祖国,香港的发展从此进入一个崭新的时代。

香港回到祖国的怀抱，洗刷了中华民族百年耻辱，完成了实现祖国完全统一的重要一步，是彪炳中华民族史册的千秋功业。香港回归的成功实践也为世界许多国家和地区解决类似问题提供了实例，对世界政治和平发展具有重大意义。

祖国统一不能讨价还价，"一秒都不能多等"是我们的底线，"一刻也不能分开"是我们的原则。香港回归祖国的22年来，祖国和香港一直在一起，未来，我们也会一直在一起。

世纪梦圆

你可知"妈港"不是我的真名姓
我离开你的襁褓太久了，母亲
但是他们掳去的是我的肉体
你依然保管着我内心的灵魂
三百年来梦寐不忘的生母啊
请叫儿的乳名，叫我一声"澳门"
……

1999年12月19日深夜，位于澳门新口岸刚刚建成的澳门文化中心花园馆灯火通明，举世瞩目的中葡两国政府澳门政权交接仪式在这里隆重举行。

23时55分，降旗、升旗仪式开始，中葡双方护旗手入场。23时58分，在葡萄牙国歌声中，葡萄牙国旗和澳门市政厅旗开始缓缓降下。此时，距离12月20日0时只有短短几秒钟。会场内的气氛

我和我的祖国
WO HE WO DE ZUGUO

凝重而肃穆，人们在静静地等待着中华民族又一个重要时刻的到来。

0时整，中国人民解放军军乐团奏响雄壮激昂的中华人民共和国国歌，中华人民共和国国旗和中华人民共和国澳门特别行政区区旗冉冉升起。46秒后，两面旗帜同时升到旗杆顶端，猎猎飘扬。至此，中葡两国政府完成了澳门政权的交接。

澳门这个被割让出去几百年的孩子，终于正式回到了祖国母亲的怀抱。

交接仪式大厅里掌声如潮，经久不息。无数照相机、摄像机的镜头记录下这一历史性的时刻；无数的电波将这一重大消息传遍大江南北，传遍世界各地。

澳门回归是中华民族的大事、盛事，它彻底结束了外国人在我国领土上进行管治的屈辱史，标志着祖国统一大业迈出坚实的第二步。澳门回归这一重要事件赋予了1999年12月20日以丰富的内涵，使得一个本来平凡的日子熠熠生辉，永载史册。

澳门回归20载，但祖国在收回澳门的这件事上，却付出了不止20载的曲折努力。自1971年中华人民共和国恢复联合国合法席位后，祖国便开始为香港与澳门的主权问题采取外交行动。1979年葡萄牙与中华人民共和国正式建交，双方共同肯定了"澳门是中国领土"的事实，并开始着手谈判回归事宜。1986~1987年里，中葡两国就澳门回归的各类细节进行了4次会谈，期间双方的沟通遇到了不少分歧和阻碍。经过不断的沟通，回归日才最终确定在了1999年12月20日。

2019年9月1日，在央视播出的《开学第一课》上，一个在澳门回归前发生的故事感动了无数人。

故事的主人公是濠江中学老校长杜岚。她一生从事教育事业，

第一辑 伟大复兴

虽然身在澳门，但是一直心系祖国。1949 年新中国成立的消息传到澳门，杜岚女士带领濠江中学升起第一面五星红旗，虽然过程面临重重阻力，但杜岚校长理直气壮地说："我是中国人，新中国成立

了，祖国的国旗，我们要升起。"全校师生在校长杜岚的带领下，还募集了大批胶鞋、毛巾、衣服等，高举旗帜，乘坐卡车，冲破澳葡警察的阻拦，浩浩荡荡奔赴中山，慰问南下的解放军。

1999年12月20日，澳门回归那天，当时的杜岚校长已经87岁高龄，她高兴得把拐杖一搁就直奔升旗台，亲自拉起滑轮升起五星红旗。濠江中学的师生们，满怀自豪地迎来了澳门特别行政区阳光灿烂的第一天。这段故事感动了无数中国人，人们说这不仅是孩子的第一课，也是全体中国人的爱国第一课。

澳门回归后的20年是光辉灿烂的20年，有繁荣富强的祖国作为坚强的后盾，澳门就如同一位充满斗志的热血青年，从一个小渔村发展成有"东方蒙特卡洛"之称的世界名城——经济腾飞，社会和谐，欣欣向荣。

《告台湾同胞书》40周年

小时候
乡愁是一枚小小的邮票
我在这头
母亲在那头
而现在
乡愁是一湾浅浅的海峡
我在这头
大陆在那头
……

第一辑　伟大复兴

　　台湾自古就属于中国。台湾地处中国大陆的东南缘，是中国第一大岛，同大陆是不可分割的整体。台湾在第二次世界大战之后，不仅在法律上而且在事实上已归还中国。之所以又出现台湾问题，与随后中国国民党发动的反人民内战有关，但更重要的是因为美国等外国势力的干涉。

　　1979年1月1日，全国人民代表大会常务委员会发表《告台湾同胞书》，郑重宣示在新的历史条件下争取祖国和平统一的大政方针及一系列政策主张，呼吁台湾当局以民族利益为重，通过商谈结束台海军事对峙状态，撤除阻隔两岸同胞交往的藩篱。这是对台工作和两岸关系进程中具有里程碑意义的大事，标志着解决台湾问题的理论和实践进入了新的历史时期，也揭开了两岸关系发展新的历史篇章。

　　世界上只有一个中国，中华人民共和国政府是代表全中国的唯一合法政府，台湾是中国领土不可分割的一部分，这不仅为联合国的决议所确认，也是国际社会的普遍共识。在一个中国原则基础上，中国已经同全世界178个国家建立了正式外交关系。2019年，同处太平洋岛国地区的所罗门群岛和基里巴斯相继做出承认一个中国原则、同台湾当局断绝所谓"外交关系"、同中国建交或复交的决定，这再次充分说明，坚持一个中国原则是人心所向，大势所趋，势不可挡。

　　正如习近平总书记在《告台湾同胞书》发表40周年纪念会上的讲话："两岸同胞都是中国人，血浓于水、守望相助的天然情感和民族认同，是任何人任何势力都无法改变的！……两岸同胞要携手同心，共圆中国梦，共担民族复兴的责任，共享民族复兴的荣耀。台湾问题因民族弱乱而产生，必将随着民族复兴而终结！"

我和我的祖国
WO HE WO DE ZUGUO

爱国之情是全球华人紧紧牵动在一起的共同情感，是整个中华民族强大凝聚力、向心力不可或缺的力量，在同样的历史文化传统灌溉下成长起来的炎黄子孙可以携手创建美好未来，在国际舞台上共同彰显中国精神、中国文化、中国力量。

新中国成立初期，毛泽东主席就说过："我们的民族将从此列入爱好和平自由的世界各民族的大家庭，以勇敢而勤劳的姿态工作着，创造自己的文明和幸福，同时也促进世界的和平和自由。我们的民族将再也不是一个被人侮辱的民族了，我们已经站起来了。"

站，是一种姿态。新中国走过70年，我们不但站起来了，而且正迈开大步向前走。中华民族迎来了从站起来、富起来到强起来的伟大飞跃。

2001年11月10日，在卡塔尔多哈举行的世界贸易组织第4届部长级会议上，通过了中国加入世贸组织的法律文件，它标志着经过15年的艰苦努力，中国终于成为世贸组织新成员；也标志着中国在经受了15年的歧视性或不公正待遇之后，终于享有了与其他世贸组织成员同等待遇的权利。

2008年北京奥运会展示了中国作为世界大国的经济和科技实力，把"文化中国"传递给了世界。"同一个世界，同一个梦想"的口号表达了一个拥有5000年文明，正大步走向现代化的伟大民族致力于和平发展、愿与世界各国人民共享文明成果、携手共创美好未来的崇高理想。

2019年4月底到5月中旬，第二届"一带一路"国际合作高峰论坛、北京世界园艺博览会、亚洲文明对话大会这3场主场外交活动接踵而至。中国正前所未有地走近世界舞台中央。

孙中山先生毕生奋斗，就是期盼中国成为"世界上顶富强的国家""世界上顶安乐的国家"，中国人民成为"世界上顶享幸福的人民"。今天，我们可以告慰孙中山先生的是，我们比历史上任何时期都更接近中华民族伟大复兴的目标，比历史上任何时期都更有信心、有能力实现这个目标。

中华儿女，继往开来！

我和我的祖国
WO HE WO DE ZUGUO

担 当

1949年10月1日,毛泽东主席在天安门城楼上庄严而有力的宣告响彻整个世界。从此,中国开始了伟大复兴的征程,上下5000年的古老文明焕发出勃勃生机。

然而,历史不容忘记,屈辱悲壮的中国近代史,告诉我们"落后就要挨打"这个亘古不变的道理。岁月流逝,曾经的苦难渐行渐远;岁月更迭,曾经的硝烟渐渐消散。历史虽然属于过去,但同样可以昭示未来。"天下虽安,忘战必危。"国家越发展,社会越进步,越需要守护的力量,缺少忧患意识和捍卫自身发展成果的能力,和平的花与发展的果难免会被"风吹雨打去"。

为了守护和平与正义,守护我们的祖国,无数仁人志士将自己的生命融入国家和民族的命运,汇成了力量的洪流,铸就国家和民族的辉煌。

第一辑 伟大复兴

大国重器，铸就海防

中华人民共和国刚成立时，面临着外国强权的武力威胁和核讹诈。为了国家的独立、主权和领土完整，为了让人民在和平安宁的环境里生活、工作、学习，也为了保卫世界和平和促进人类进步事业，新中国毅然吹响了向国防科技进军的号角。

2017年4月26日，中国第一艘国产航母002型在大连造船厂正式下水。从此中国结束了不能建造航母的历史，一跃成为全球屈指可数的几个能够独立自主建造航母的国家，而且也是目前全世界仅有的3个正在建造或海试大型航母的国家之一。

航母是当今最强大的海上作战力量，中国人的航母梦已有百年之久。然而，中国航母研发真正走上正轨是从瓦良格号航母开始的。

20世纪80年代中后期，瓦良格号航母在乌克兰建造，后遭逢苏联解体，建造工程中断，完成率只有68%。1999年，我国购买了该舰，突破重重阻碍，于2002年3月4日将其运到了大连港。2005年，中国正式启动了瓦良格号的改装工作，对于此前从未有过航母研发经验的中国科研工作者来说，可想而知，这是多么艰巨的任务。瓦良格号的制造工艺已经过时，需要重新设计更新，中国科研工作者几乎是从零开始。而且，建造这艘航母的工程量浩大，难度系数高。在整个开发制造过程中，先后有15名科研工作者因为过度劳累引发疾病而去世，还有人在亲人离世时都没有来得及回家看一眼，遗憾终身。

我和我的祖国
WO HE WO DE ZUGUO

  胸怀报国志，舍身赴伟业。为了中华民族的强军梦，中国舰船人付出的不仅仅是心血，甚至是生命的代价。

  2012年，瓦良格号航母正式更名为辽宁号，交付中国人民解放

第一辑 伟大复兴

军海军。而中国人的航母之路并未停止。

2017年4月26日,我国第二艘航母也是第一艘国产航母缓缓移出船坞,停靠码头。这意味着中国可以自主建造世界上最庞大、最复杂、威力最强的武器系统之一。国产航母是当之无愧的举国关注、世界瞩目的大国重器。

航母建造分为开工下水、系泊试验、海上试验和最终交付4个阶段。我国第一艘国产航母在辽宁号航母的基础上更加优化,不仅甲板上的舰岛更小,新型雷达可以覆盖360度的搜索扇面,还可以至少搭载36架国产歼-15飞机,比辽宁号多出12架。2018年5月18日,我国第一艘国产航母完成首次海上试验,之后又成功完成了系泊、动力、作战、保障等多个系统的试验试航任务。2019年5月31日,它已经顺利完成了第6次海上试验。

从无到有,从落后到领先,中国力量又一次震惊世界。

新中国的国防事业发展史,是一部坎坷而令世人瞩目的发展史。

从当年军队配置的"万国牌"装备,到全军武装国产尖端装备;从对卫星的模样都一无所知,到第一颗人造卫星上天、探月飞船振翅翱翔;从一顶帐篷、一个战士守住一个边防站,到为边防哨所配备新型巡逻设备……

我们不能忘记,是无数中华儿女用汗水甚至鲜血浇灌了这块生命力蓬勃的土地。今天的中国是和平的中国、发展的中国,是充满力量的中国。

脚踏之地，即为国土

当你在温暖的卧室里安眠，在阳光下自在地奔跑，放学回家走在黄昏的路上……你是否知道，无数寂寞而坚定的身影，穿行在荒无人烟的旷野，用犀利的眼神捕捉着每一丝风吹草动。对祖国满怀深情的他们，用自己的生命，无怨无悔地守护着你的幸福和安眠。

他们的名字，叫作中国军人。

作为陆地大国，中国从古代起就极为重视陆地边界和领土主权。经过无数次修建的雄伟长城、康熙时期设的卡伦哨所，都是为了戍守边关。霍去病、戚继光等戍边大将的故事，世代流传。

中国是世界上地形最复杂的国家之一，有着曲折蜿蜒的边境线。为了新中国的领土、领海安全，无数军人告别亲人，离开家乡，奔向祖国边境的边防站。

那些坚守祖国边疆的边防战士，他们在常人无法想象的恶劣环境下，无私地守护着祖国的边关。而哨所，是寂寞的大山里、荒凉的高原上、安静的大荒漠里最生动的一道风景。

在靠近喜马拉雅山的中印边境上，有一座海拔4770米的山脊。山脊上，静静地伫立着詹娘舍哨所。这里驻守着8个边防战士。

这个地域每年有一大半的时间被大雪封山，物资补给很难运进来。没有水，战士们有的是办法。下雨天，他们把所有的瓶瓶罐罐都拿出来接水。滴答的雨声，给寂寞的哨所表演着别致的小调。每过几天，战士们便去山口采雪，融化的雪水就成了生活用水。

哨所的岗位前后都是深不可测的悬崖。呼啸的山风吹过，一不小心就可能掉下深渊。战士们修建了一条坚固的栅栏。站岗时，将背包带系在栅栏上。再大的风，战士们也能巍然屹立。

在这样艰苦的条件下，战士们无怨无悔地守护在这里。每年春节临近，哨长就开始发愁，因为战士们都争着在除夕夜站岗。有一年除夕，有两位战士没有被排上哨，又生气又委屈，闹情绪"压了一天床板"。有时，元旦刚过，战士们就开始写申请书。大家的理由五花八门。新兵说："咱刚来哨所，要多锻炼。"老兵说："就要退役了，无论如何要再守一次除夕岗。"哨长思来想去，决定年年轮班，机会均等。这才算解决问题。

每年除夕，在寒冷的悬崖边，为祖国守岁的光荣的哨兵，就是詹娘舍哨所里最令人艳羡的人。

同样，在遥远的喀喇昆仑山上，在漫天黄沙的戈壁沙漠中，在茫茫的高原上，一批又一批的边防军人忍受着常人难以想象的艰辛与痛苦，坚定地驻扎在那里。

无论风有多大，雪有多厚，在寥无人迹的千里边关，他们每天都要把一串串坚定的足迹留在边防线上。

一位没有士兵的哨长说："每根线杆都是我的战士。风掠过电线发出的声响，对我来说是世界上最美的音乐。"

就这样，在一个个风卷沙扬、冰封雪裹的日子里，边防军人们用满腔热血，谱写了一曲曲英雄壮歌。他们常年穿梭于"生命禁区"之上，用脚步丈量着国境线。他们就是移动的界碑，守护着每一寸国土。现在，他们正在用实际行动践行着新时期边防军人的使命。

抢险救灾，我必先行

尽管远离了烽烟四起，尽管不再硝烟弥漫，然而为了祖国，为

我和我的祖国
WO HE WO DE ZUGUO

了人民，中国的军人们，救人，舍生忘死；救灾，奋不顾身。哪里最危险，哪里最困难，哪里最需要，哪里就有我们的人民子弟兵。

1998年，一场洪水肆虐大半个中国，一时间，长江告急、松花江告急、珠江告急……8月初，江西九江长江大堤决口，九江人民危在旦夕。原南京军区40000多子弟兵临危受命，前赴后继，奔赴九江灾区。那是一场惊心动魄、生死攸关的恶战！在危机四伏的大堤旁，到处是橄榄绿的身影。哪里危险，哪里需要，哪里就有鲜红的军旗飘扬。饿了，就啃几个馒头，扒一口饭；渴了，就喝一口水；困了，就地便是床。原南京军区83020部队4连3排战士接过了最危险的任务，他们挽手并肩，跳入汹涌的洪水中，化作了比岩石还坚硬的绿色长城，用自己年轻稚嫩的臂膀，为人民筑起了一道道钢铁城墙。

历经千辛万苦，数日奋战，1998年8月13日晚，长江大堤九江段决口封堵成功。只是，成功背后的凶险与坚守，远远超乎我们的想象。

2008年5月12日14时28分，汶川一场突如其来的大地震，震疼了所有人的心。面对如此强烈的大地震，是中国军人，闻令而动，投入战斗，在第一时间做出最迅速的反应。

地震第13分钟中国军队启动应急机制。震后1小时，1.6万军人紧急投入救援。72小时后，来自全国的十余万军人纷纷到达灾区现场。那个时候，不分兵种，不分省市，所有军人的任务只有一个——救出那些被困在废墟里的老百姓。无论在灾区救援的任何地方，都能够见到中国军人的身影；无论在灾区救援的任何地方，都能够听到群众对中国军人由衷的赞扬和感激。

地震发生后，震中汶川一度与外界失去联系长达30多个小时，

第一辑　伟大复兴

我和我的祖国
WO HE WO DE ZUGUO

　　武警驻川某师闻令出征。时任参谋长的王毅主动请缨，率官兵不惜一切代价向汶川挺进，尽快开辟生命通道。他们相互搀扶，边开路边前进。遇到山谷，大家上山时就手脚并用，一步步往上爬；下山时，为了抢时间，大家就像坐滑梯一样滑着下。13日23时15分，历经21个小时，徒步强行军90多千米，他们成为第一支到达汶川县城的救援部队。震后隔绝了33个小时的汶川与外界有了联系。

　　距离北川县城仅100多千米的茂县也通信中断，地震过去48小时，茂县仍然没有任何消息，就是空投物资都确定不了方位。2008年5月14日，15名空降兵勇士在没有地面引导、没有地面标识、没有气象资料的条件下，从4999米的茂县上空纵身跃下，这一跳，终于让沦为信息孤岛的茂县同外界恢复了联系。

　　官方公布过遇难民众数目，却从来没有公布过有多少军人在此次救援中牺牲。那些流血流汗的面孔，被人记住和报道的只是很少很少的一部分，绝大多数的军人都在默默无言中完成了自己的使命，不为被铭记，只为更多生命能延续。

　　抢救生命！打通生命线！进村入户！誓死守堤！决战堰塞湖！严防疫情……在川西北，在陇南，在陕南……在全国各地，哪里有危险，哪里就有中国军人。那一抹抹舞动的迷彩绿，不仅给灾难中的同胞带来了生的希望、重建家园的信心，更挺起了共和国压不垮的脊梁，铸就了守护人民群众的钢铁长城。中国军人，负重前行，只为人民岁月静好。

走向世界，守护深蓝

位于索马里和也门之间的亚丁湾东西长 1480 千米，平均宽度 482 千米，面积 53 万平方千米，是从印度洋通过红海和苏伊士运河进入地中海及大西洋的重要海上咽喉要道，是连接包括中国在内的东亚国家和西欧及北美东海岸的重要航道，又是波斯湾石油输往欧洲和北美洲的重要水路，战略位置十分重要。

据公开报道显示，每年有 100 多个国家的超过 2 万艘船舶通过亚丁湾、曼德海峡海域，货运量约占世界海上货物总运量的 1/5，其中世界 1/4 的油轮和欧亚两洲约 80% 的海运货物都要经过这一海域。

但自 1991 年索马里政府被反动派推翻后，索马里长期陷入部落纷争、军阀混战的无政府状态，经济全面崩溃，导致索马里海盗的滋生蔓延。亚丁湾被当时国际海事局列为世界最危险的海域之一。

2008 年，索马里海盗活动不断升级，过往的油轮、货船一旦被劫持，就被索取巨额赎金。同年 10 月 29 日，一艘土耳其铁矿石货船从加拿大驶往中国，在亚丁湾海域遭到海盗劫持，船上共有 20 人；11 月 13 日晚，中国渔船"天裕 8 号"在肯尼亚沿海海域被携带榴弹发射器和自动武器的索马里海盗劫持。

仅 2008 年一年，索马里海域就发生了 120 多起海盗袭击，50 余艘船只被劫持。海盗劫持事件频发使经过此海域的船舶保险费急剧增加。如果油轮和货船想降低海盗袭击风险，就必须绕道好望角，这将大大增加海运成本。

对此，中国在 2008 年根据联合国安理会有关决议的要求和索马里过渡政府的请求，派出军舰参加国际社会在亚丁湾进行的护航行动。

2009年1月6日,首批护航编队开始执行首次护航任务,为4艘中国商船伴随护航。1月29日,护航编队首次解救了被海盗船只围堵的希腊籍商船。"我是中国海军护航编队,如需帮助,请在16频道呼叫我。"从此,航经亚丁湾、索马里海域的中外商船开始不间断听到这条中英双语通告。

"中国海军的精湛医术和敬业精神令我永生难忘!"这是日本籍商船猎户贸易号船员麦克接受救治后的赞叹。2011年9月11日,麦克在布设防海盗铁丝网时不慎将右腿严重割伤。收到求助信号后,武汉舰紧急派遣医疗救护分队赶赴现场,麦克的伤情得到有效控制。

"非常感谢中国海军的营救行动以及对我们的安全护卫。"这是图瓦卢籍商船OS35号船长艾斯玛伊耳告别时的感激。2017年4月,中国海军第25批护航编队成功解救出这艘商船遭海盗劫持的19名船员,并一直将他们护航到安全海域。

……

"感谢",成为这些被护航商船的共同回应。越来越多的外国商船主动寻求中国海军护航。

至今,中国派出32批护航编队、100多艘次舰艇、30000余人次官兵执行护航任务,共为近7000艘次中外船舶护航,解救、接护和救助遇险船舶60余艘,3次武力营救被海盗劫持船舶,抓捕海盗3名,持续保持着被护船舶和编队自身的绝对安全。

护航期间,中国海军官兵积极履行国际人道主义义务,派舰船远赴地中海与俄罗斯、丹麦、挪威3国舰艇共同完成了20批叙利亚化学武器海运联合护航任务,紧急调派舰船执行马航失联航班搜救、赴马尔代夫提供淡水等等。国际海事组织授予中国海军护航编队"航运和人类特别服务奖"。

2011年利比亚发生战乱，在中国政府组织的撤侨行动中，海军亚丁湾护航编队派出徐州舰前往地中海海域对撤离中国公民的船舶实施了护航。2015年春，也门内战爆发，中国海军护航编队奉命前往撤侨。编队3艘军舰直接靠泊战火纷飞的也门港口，分5批将683名中国同胞和15个国家的279名外国公民安全撤离。

中国派出军舰赴亚丁湾开展海上护航，实施撤离海外公民、应急救援等海外行动，成为解放军维护国家利益和履行国际义务的重要方式。中国护航官兵在完成远海护航、国际人道主义救援等任务中展示出的大国担当，让世人看到了守卫深蓝、维护世界和平的"中国力量"。

中国蓝盔，和平卫士

中国军人，是一个伟大而充满力量的名词。无数热血中华儿女，在最美好的青春年华中，默默地守卫着祖国的和平和安定。

在中国军人中，还有一群身穿迷彩服、头戴蓝盔的和平卫士，他们冒着生命危险，在异国他乡为维护世界和平贡献着力量。他们用自己的生命，履行着"忠实履行使命，维护世界和平"的铮铮誓言。

他们，就是参加联合国维和行动的中国军人。

1990年春天，中国第一次向"联合国停战监督组织"派出了5名军事观察员，开始参加联合国维和行动。

至今，中国已累计派出维和官兵30000多人次。中国维和部队以过硬的专业素质、优良的纪律作风赢得了联合国机构和驻在国政

府、民众的充分肯定，所有维和官兵都被授予"联合国维持和平勋章"。中国在联合国的维和事业中发挥越来越重要的作用。

在维和过程中，中国军人做出了巨大贡献和牺牲。联合国驻苏丹维和部队参谋长杰纳德·休斯，在接受中国记者的采访时，对中国军人给予了极高的评价。他说，中国军人参加联合国维和行动是对世界和平的巨大贡献。我们知道，苏丹不仅自然环境恶劣，还有许多其他危险。在这里工作的中国维和部队是一支专业技术强、综合素质高的军队，同时，他们还有精良的装备，以及高昂的士气和敬业精神，这样的军队干起工作来当然非常出色。

中国维和部队是一支非常有经验的军队。特别是在人道主义救助方面，与其他来这里的部队相比，中国军人具有更丰富的实践经验。他们在这里开展的人道主义救助工作，不仅是对当地人民的一种巨大帮助，也对联合国维和部队今后如何开展这方面的工作提供了经验，具有很好的借鉴意义。

利比里亚维和任务区也活跃着中国军人的身影。经过长达14年的战乱，利比里亚的基础设施破坏严重，驻地条件十分艰苦。工兵部队需要长期在野外施工，各种毒虫野兽特别多，尤其是蝎子长得特别大，尾巴都有小拇指粗，官兵们必须时刻保持警惕。不光是修路架桥，灭火、吊车、献血等活动中国军人都积极参加。一次，他们接到求助电话，距离营区10多千米处，有一座10多米长的老旧桥梁失火。官兵们紧急出动消防车赶到以后才发现，这座桥是用几根很粗的木头直接搭住两头桥墩，铺上土以后建成的简易木桥，不知什么原因起了暗火，一直往外冒烟。官兵们毫不犹豫地站到桥洞里向上冲水，灭完火出来后都成了湿漉漉的"黑人"。为了确保道路通畅，他们把木桥拆了，新修起一座涵洞桥。当地群众都说，中国

第一辑 伟大复兴

人就是不一样！

在中国战士的心里，参加维和任务是一件值得骄傲的事。任务安排下来，许多战士都写了请战书。一位叫何梦阳的班长，家里人不同意他远赴国外，他说："我不光是家中的人，还属于这个军队，这个国家。我去参加维和任务，也是为了给这个世界做点事情。死了是烈士，回来是英雄。就算有一天付出生命，我也在所不惜。"

这几句质朴的言语，没有豪情万丈，却代表了中国维和军人的心声。

正是这些默默无闻的中华儿女，在万里之外的异国他乡，为维护世界和平贡献力量，也为中国人在世界人民心中树立了光辉形象。

我和我的祖国
WO HE WO DE ZUGUO

初 心

今年 95 岁的老党员张富清是原西北野战军 359 旅 718 团 2 营 6 连战士,在解放战争的枪林弹雨中九死一生,先后荣立 1 次特等功、3 次一等功、1 次二等功,两次获得"战斗英雄"荣誉称号,并被授予"人民功臣"奖章。60 多年来,张富清刻意尘封功绩,连儿女也不知情。

"把自己的一切,乃至生命,献给伟大的党,献给人民。当祖国需要我的时候,我一定挺身而出。"铁人王进喜,一生都在为大庆油田奋斗,在艰苦的工作环境下,他带领钻井队用生命和赤诚践行着钢铁誓言。

2015 年 8 月 12 日,天津港发生特大火灾爆炸事故,爆炸现场飘起蘑菇云,火灾烧毁了汽车,震碎了门窗,无情地带走了 165 条鲜活的生命,其中消防人员 99 人。一代代年轻的消防官兵,无时无刻不在用生命出演最美逆行。

1963 年北大毕业的她,响应"祖国的需要就是我的志愿"的号召,来到了千里迢迢的敦煌莫高窟,开始守护敦煌。这一守,56 个年头匆匆而过,尽管她的青丝已成白发,却留住了莫高窟的美丽容颜。她就是被人们誉为"敦煌的女儿"——樊锦诗。

"初心"一词,最早出自佛教典籍《华严经》,后人根据经文中所表达的意思,提炼概括出"不忘初心,方得始

第一辑 伟大复兴

终"的句子,意思是只有坚守本心信条,才能德行圆满。简朴的句子,内涵却很深邃。初心承载着最初的梦想,它在向真向善向美的追寻中,在专心专业专注的奋斗里。

奉献皆本色,不悔是初心,为了国家的强盛,多少赤子默默燃烧了一生。在中华民族伟大复兴的过程中,初心就是全心全意为人民服务。

战斗英雄张富清：功高无声，本色人生

2018年底，湖北来凤县人社局按照上级统一安排开展退役军人信息采集工作，张富清的小儿子张健全带来的一个旧红布包裹被打开后，突然露出了一枚奖章，上面写着"人民功臣"，"当时我立马被吸引住了。"作为军迷，信息采集员聂海波清晰地记得那个时刻，也知道这种奖章的分量："它不是一般人能得到的，应该是在某个大型战役当中对整个战局有着突出贡献，九死一生才能获得的。"随后，大家看到了一位战功赫赫的老英雄张富清的军功章：1次特等功，3次一等功，1次二等功。来送资料的张富清的儿子也惊呆了，如果不是这次信息采集，他也从未见过父亲的这些军功章。这些军功章代表着一段段出生入死、惊心动魄的战斗经历。

1948年3月，24岁的张富清离开家乡陕西省洋县参军入伍，成为西北野战军第二纵队的一名战士。那一年，解放战争进入夺取全国胜利的决定性阶段，作战任务十分繁重。"没日没夜都在打仗，打了好多次，我也记不清了。"张富清在日记里写道。

也是在这一年，张富清参与了永丰战役。永丰战役，是为了配合淮海战役，由西北野战军发起的突围战。战况异常惨烈，"一夜之间换了8个连长"。当时，作为突击队员，张富清和2名战友匍匐前进，小心翼翼扒着墙砖缝隙攀上城墙，随后，他第一个带头跳下了4米高的城墙，与围上来的敌人激战。这场艰苦的战斗一直打到天亮，张富清炸毁了2座碉堡，缴获2挺机枪、弹药4箱。战斗结束，

第一辑 伟大复兴

他死里逃生,但突击组的另外 2 名战友再也没有回来。

"我去找,但找不到,从此再也没有见过他们。"每当想起这一幕,老人总是忍不住潸然泪下。

在众多战役中历尽九死一生后,张富清把包括"人民功臣"奖章在内的 3 枚奖章戴在胸前拍了一张照片,作为对那段峥嵘岁月的留念。此后,这些奖章和证书被他放进一只皮箱里,封存了 64 年。这么多年过去,他从未对身边人说起过去的战功。

记者采访时问过张富清:"为什么一直隐瞒自己的战功?"

"和我并肩作战的不少战友,他们为了党、为了人民献出了自己宝贵的生命,他们才是真正的英雄,真正的功臣。"老人哽咽着解释,"他们牺牲了,没有机会向党提什么要求,我现在人还在,吃的住的都很好,比起他们来,我有什么资格拿出立功证件去显摆自己啊?"这话多么质朴、真实、震撼人心。

1955 年初,已是连职军官的张富清面临退役转业的人生转折。那时的中国百废待兴,"到祖国最艰苦的地方去",成为那一代人的青春担当。听说湖北西部恩施最穷的山区条件艰苦,需要支援建设时,张富清怀着满腔热忱,带着妻子去了恩施来凤县,从此,"战斗英雄"张富清勤劳的身影奔波于贫困乡镇,最苦最难的工作他二话不说就揽下。遭遇干旱时,他带领老百姓进山找水;山区交通不便时,他带着炸药上了悬崖,又当了一回突击队员,为高洞山区修出了一条路。张富清的心里,几乎没有他自己。他踏踏实实做事,从不争名夺利。对张富清来说,"看着国家一天天强大起来,没有什么比这更幸福的事情"。

24 岁,他跳下城池,殊死搏斗,在战火洗礼中成长为舍生忘死的战斗英雄。

31岁,他卸下戎装,响应号召,开山拓路,到偏远异乡投身社会主义建设。

半个多世纪,无论顺境逆境,他选择淡然处之,将英雄过往尘封在沧桑的记忆里。

95岁高龄,在新中国即将迎来70华诞之时,他又一次挺直脊梁,向祖国和人民致以崇高军礼。

习近平总书记对张富清同志先进事迹做出重要指示:张富清用自己的朴实纯粹、淡泊名利书写了精彩人生,是广大部队官兵和退役军人学习的榜样。尽管已经过去70多年,但张富清仍时常想起烽火岁月牺牲的战友们,他多想告诉当年并肩作战的战友们——他们曾用生命和热血捍卫的国家如今已繁荣昌盛。2019年3月2日,张富清当年战斗过的英雄部队——新疆军区某红军团派人员专程前来慰问,老人十分激动,艰难地从沙发上站起来,用一条独腿坚强地站立,缓缓举起僵硬的右手,庄严地向年轻的战士敬了一个军礼。九死一生犹未悔,只因坚守爱国心,心怀报国志,只因心里飘荡着血染的军旗……

王进喜:"拼命也要拿下大油田"的铁人

石油,有人称它为"黑色的金子",也有人将它比作现代工业的血液。在旧中国,外国人给中国扣上"贫油"的帽子。新中国成立后,中国地质事业的开拓者、奠基人李四光等人从理论上认定中国有较多的石油资源,但在物质条件极差的情况下要进行钻探和开采是非常艰难的。20世纪50年代前期,中国的石油年产量不过100

万吨，而美国的石油年产量是中国的 300 倍。正是在这种为国争气的背景下，轰轰烈烈的石油大会战拉开了序幕。

1959 年 5 月，王进喜作为石油战线的劳动模范到北京参加群英会，看到大街上的公共汽车都背着大气包，他奇怪地问别人："汽车背那家伙干啥？"人们告诉他："因为没有汽油，烧的煤气。"这话像锥子一样刺痛了这位石油工人的心，他知道国家缺油，他感到了莫大的耻辱。这位坚强的西北汉子，蹲在街头哭了起来。从此，这个"煤气包"成为他为国分忧，为民族争气的思想动力之源。他说："一个人没有血液，心脏就要停止跳动。国家没有石油，天上飞的、地上跑的、海上行的都得瘫痪，这是我们石油工人的责任啊。"正是这种改变我国石油工业落后面貌的朴实感情，支撑着石油工人知难而进、不甘落后，形成了以铁人为代表的英雄模范所表现出来的革命加拼命的气概。

20 世纪 60 年代初，国家遭受了严重的自然灾害，就在这个时候，外国撤走专家，撕毁合同，并扬言中国人民离开他们，没有能力在大庆开发大油田。但是，国家建设迫切需要石油。王进喜带领的 1205 队刚到大庆时，脚下荒原一片，朔风呼啸，滴水成冰，吃的是苞米面炒面，住的是四壁漏风的马棚。没有公路，吊车、拖拉机不足，设备在火车上卸不下来。他带领全队 30 多个人用绳子拉、撬杠撬、木块垫，将 60 多吨重的钻机一寸一寸地运到井场。打井需要水，可当时没有水管线，没有水罐车，为了抢时间他决定用脸盆端。有人说这是"瞎胡闹"，没见过哪个国家端水打井。他说："有，就在中国。"于是，他们全队 30 多人，用脸盆、水桶甚至铝盔、行军壶等器具，到附近的泡子里端的端、担的担，最后排成 70 多米的长队，一个传一个，硬是人工取了 50 多吨水开了钻。在玉门油田的一

段时期，很多钻机因为没有钻头而停钻。当时还没有国产钻头，靠进口来不及，王进喜便组织青年突击队从废料堆里找到许多旧钻头，架起大锅煮去油污和泥沙，擦去锈，拼装成可用的钻头，用了半年打了5口井，给国家节省了开支，又不耽误生产，经验在全油田推广。

王进喜与工人们日夜奋战在井场上，饿了就啃几口冻窝头，困了就躺在钻杆上睡一觉，他率领的1205钻井队被誉为"硬骨头钻井队"。1960年4月19日，这支光荣的队伍打出了大庆油田的第一口油井，这也是中国石油工业历史的一项新纪录。

1960年5月1日，王进喜在指挥工作的时候，一根上百斤的钻杆突然掉了下来，正好砸伤了王进喜的大腿。当工人们赶过来的时候，王进喜已经陷入了昏迷当中。但是不一会，王进喜醒了。当他看见工人为了救他，竟然放下了手头的工作。王进喜怒吼道："我又不是泥捏的！"说完，他立马指挥大家干活，而王进喜的大腿还在流淌着鲜血。活忙完后，王进喜被送到了医院，经过简单的包扎后，他立马拄着拐杖回到了工作岗位，因为他心中正想着一件急事。一个正处于高压区的井位，十分危险，很容易发生井喷，果不其然，当钻机打到高压层后，井喷发生了。如果不堵住缺口，后果不堪设想。在这千钧一发之际，王进喜毅然跳进了泥浆里。他奋力地晃动自己的身体，用自己的身体把泥浆池底的水泥搅上来，制止井喷。最后井喷竟然被制服了！这也是人类油田史上的奇迹，很难想象当时王进喜跳下去需要多大的勇气。

1963年11月17日，周恩来总理在二届全国人大四次会议上庄严宣布：中国石油基本实现自给。新中国石油工业由此进入一个新纪元。

第一辑 伟大复兴

1964年年底，王进喜当选第三届全国人大代表，出席大会并代表工人做了《用革命精神建好油田》的发言，受到与会代表的热烈欢迎。从北京回来后，他依然保持谦虚谨慎的习惯，说："我是个普通工人，没啥本事，就是为国家打了几口井。一切成绩和荣誉，都是党和人民的，我自己的小本本上只能记差距。""铁人精神"是什么？工人们总结得好：不怕苦、不怕死，不为钱、不为名，一心为国家，一切为革命。

1960年埃德加·斯诺访华时，他问毛泽东主席，面对当前的反华大合唱，有什么要告诉世界的。毛泽东主席回答："我们东北新开发了大油田，有一个钻井工人说，石油工人一声吼，地球也要抖三抖。"这个钻井工人就是王进喜。他用行动告诉世界，一个民族要自强自立就不能没有一种拼搏精神。

1970年，王进喜被确诊为胃癌晚期，病情急剧恶化，时日不多。在临终前，王进喜用颤抖的手取出一个小纸包，交给了守候在床前的一位领导同志。这位领导打开小纸包，发现是他住院以来组织给他的补助款和一张记账单，一笔一笔记得清清楚楚，一分也没有动……王进喜说："这笔钱，请把它花到最需要的地方去，我不困难。"在场的人无不为之动容，感动落泪。当年11月，王进喜在医院逝世，年仅47岁。他将一辈子都献给了建设祖国的伟大事业，为祖国石油工业的发展和社会主义建设立下了不朽的功勋，在创造了巨大物质财富的同时，还给我们留下了宝贵的精神财富——铁人精神。"有条件要上，没有条件创造条件也要上""宁肯少活20年，拼命也要拿下大油田"，铁人王进喜在石油大会战中发出的钢铁誓言，浓缩了铁人的终生实践和伟大人生。

烈火英雄：最美逆行者

电影《救火英雄》有这样一段台词："我们出入火场的人，内心永远被一股浓烟包裹着，以为可以走得出来，其实根本不可能。无论是救人还是被救，都是一样。唯一的方法，就是与这股烟共存，就算面对黑暗，也要坚信：阳光一定会照射进来。只要这样，在面对任何环境时候，我们才会无所畏惧。"

在这个和平年代，消防员是牺牲率最高的职业。在真实的灭火现场，消防员面临的潜在危险，远远超出人们的想象。这是一个每次出任务都会准备遗书的群体，因为在历经火场、亲临生死之后，他们深知生命的脆弱。仅过去10年，全国就有超过300名消防战士牺牲在救援一线，平均每月3名。在一系列的天灾人祸中，每一次都有他们搜救的身影——

2010年，大连新港附近中石油一条输油管道起火爆炸。现场有大量液体化学品储罐，里面存贮着二甲苯等易燃、易爆、剧毒而且腐蚀性极高的危险品。除了灭火和守住罐体不被引燃，消防员们还要以最快的速度关闭油罐与油罐之间的阀门，阻止更多的原油泄漏。由于大火断电，平时3分钟就能关闭的阀门此刻只能由消防员手动去关，而且需要手动转8万次。据带队的消防员回忆，当时情况危急，为了加快速度，尽管浓烟滚滚里，有毒气体呛得人难受，他们依然毫不犹豫地把沉重的呼吸机卸在了一边，摘掉了手套徒手在滚烫的阀门上转动。眼看着防护墙被烧塌、金属灯架被烤弯，消防员们依然坚守在火灾现场。衣服被大火烤得滚烫，消防员们就轮番上阵，后面的人用水枪给前面的人喷水降温。多管齐下、多地驰援、海陆空同时灭火……经过将近15个小时的扑救，油库大火终于被

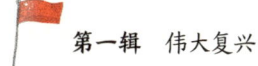

扑灭。

2015年天津港瑞海国际物流有限公司危险品仓库集装箱堆场发生爆炸。165人遇难，8人失联；其中消防人员99人。当所有人在逃离火场的时候，有143辆消防车，1000余名消防官员，正在逆流

而行。现场火光冲天,在灭火过程中发生2次爆炸,导致部分救援人员被困。在强烈爆炸声后,高达数十米的灰白色蘑菇云瞬间腾起,火焰四溅,十几个满载的油罐紧挨着起火点,平时看起来高大的消防车,跟7层楼高、直径80米的油罐比起来显得无比渺小。消防员站在几米外的距离灭火,就像站在随时可能爆炸的炸药桶旁,十分危险。一位牺牲的消防员,在笔记本里写下了自己对这份职业的理解——消防员,就是为了人民的幸福生活能随时出征的雄狮。他们在雨中负重奔跑,不分昼夜地操练;他们肩上的消防水带,空气呼吸器等设备,总重在50斤以上;他们从1楼爬到10楼只需要1分钟左右,200米跑只需要30秒左右;他们24小时,365天,全程待命,严阵以待……

  2019年,四川凉山出现特大火情,扑火人员在转场途中,受瞬间风力风向突变影响,遭遇山火爆燃,27名森林消防指战员和3名地方扑火人员全部牺牲,最小的刚刚成年。在山火爆燃瞬间温度可达1000摄氏度以上的火灾面前,他们勇敢无畏,奋不顾身冲向了火海……

  在这些重大火灾事故中,活着走出火场的消防员,还要面对严重的心理挑战——PTSD(创伤后应激障碍)。对他们而言,接受同伴或者被援助者的离开要比想象中难得多,有人会陷入抑郁,有人会频繁流泪,事故现场惨烈的状况如梦魇般反复折磨他们,让他们短时间内很难回归正常的生活。在灾难面前,他们不顾自己的安危勇猛逆行,以血肉之躯维护着国家、人民的财产安全——我们的岁月静好,都是他们用生命在守护。

  2018年10月9日,"公安消防部队移交应急管理部交接仪式"举行之后,消防部队53年现役成为了历史,他们虽然脱下军装,但没有脱下荣誉与责任，当警报响起的时候，他们依然会坚定地踏火而战，砥砺前行。

敦煌的女儿樊锦诗：为莫高窟带来了"永生"

2016年"数字敦煌"资源库正式上线。全世界的人都可以通过网络，免费欣赏30个经典洞窟，4430平方米壁画、10个朝代的高清图像，实现全景漫游。每一尊佛像、每一根线条都清晰得仿若人就在现场。"数字敦煌"使石窟得到永久保存和永续利用。"数字敦煌"的提出者是樊锦诗——一位81岁的中国老人，在2019年9月17日，她是唯一一位被正式授予"文物保护杰出贡献者"国家荣誉称号的先进代表。

57年前，柔弱的她，在最青葱的岁月选择来到大漠深处，倾尽一生的时间守护敦煌，在不毛之地的敦煌度过了半个多世纪。她将735座千年石窟保护完好，交给下一个千年，为莫高窟带来了"永生"。

1962年，北大毕业前的考古实习中，24岁的樊锦诗毫不犹豫地选择前往敦煌实习。第一次到达敦煌，樊锦诗就被彻底震撼了。精美绝伦的敦煌壁画，被称为"东方维纳斯"的雕塑形态各异，洞壁上的画更是精美绝伦。然而，和震撼的艺术形成鲜明对比的则是恶劣的生活环境。

莫高窟位于甘肃省最西端，气候干燥，黄沙漫天，冬冷夏热。一天只吃最简单的两顿，喝的是盐碱水，吃的是老三片儿——胡萝卜片、白菜片、土豆片，住的是破庙泥屋，没水没电，半夜还会有

老鼠掉下来。

当时她跟着老师，爬蜈蚣梯进洞窟做研究，梯子是用树枝做成的，用一根绳子直上直下地在悬崖上吊着，没有任何保护措施。因为害怕，每天樊锦诗都会在身上揣几个馒头，尽量不喝水，避免要去厕所攀上爬下。这对于一个说着吴侬软语，在上海小康家庭长大的姑娘是个严峻的挑战。在这样的环境中实习，没多久她就病倒了。毕业分配时，敦煌研究院来北京大学要人，当年和樊锦诗同一批的4个实习生都要。樊锦诗的父亲当即写了长长一封请求信让女儿带给学校和院里的领导，他实在舍不得女儿去那么远的地方受苦，希望可以重新分配，然而这封信却被樊锦诗留了下来。

"祖国的需要就是我的志愿。"从此，樊锦诗的命运跟莫高窟绑在了一起。这一待便是半个多世纪。那时，敦煌保护研究所对外联系仅有一部手摇电话，信号往往是断断续续，通信极其困难，几乎与世隔绝。

樊锦诗的爱人彭金章是武汉大学考古专业的创办者，因为樊锦诗始终舍不得敦煌，1986年，为了一家团聚，彭金章最终妥协了。他放弃了自己在武大的商周考古事业，追随樊锦诗的脚步，来到了敦煌，一切归零，重新开启自己从未涉猎过的考古方向。后来在他的主持下，莫高窟有编号的洞窟数量从492个增加到735个，他还在莫高窟北区挖出了景教十字架、波斯银币、回鹘文木活字……为世界瞩目。他们用自己一生的时间、用无言的行动，为自己的爱做出了最有力、最不可磨灭的注解。

随着莫高窟的知名度越来越高，当地政府提出让莫高窟上市，进行商业开发。樊锦诗立刻站出来表示反对：一旦上市，惊艳千年的艺术瑰宝的命运将难以预测，很有可能在过度商业开发中毁于一旦。那段时间,樊锦诗带着研究所里的人,北京兰州两头跑。为了省钱,在北京永远只住20块钱的地下招待所。在她的努力下,莫高窟上市的风波最终偃旗息鼓。

这时,新问题又来了,来莫高窟的游客越来越多,人体呼出的二氧化碳,对壁画是致命的伤害。敦煌莫高窟,作为中国给予世界的独一无二的礼物,正以一种缓慢的、不可逆的态势在消逝——他们通过对比发现,1908年拍摄的莫高窟照片和现在对比变化很大。壁画变得模糊,颜色也在逐渐退去。壁画和人一样,不可能永葆青春。

为了更好地保护莫高窟,她提出限制人流,并且提出了"数字敦煌"——要用数字技术,让更多的人看到敦煌,让不可再生、不可永生的文物得以永存。

多年来,樊锦诗带领敦煌研究院,经过艰苦探索和不懈努力,把敦煌文化遗产的科学保护、管理推向了法制化、规范化的轨道。敦煌研究院的工作,曾被国家领导人誉为"我国有效保护、合理利用和精心管理的典范"。樊锦诗依据多年来对崖面遗迹的考察和断代分期的研究成果,确定以洞窟开凿时代为脉络,编制了100卷本《敦煌石窟全集》考古报告的分卷规划。通过十余年不懈努力,《敦煌石窟全集》第一卷于2012年正式出版。这是敦煌石窟的第一本考古报告,完整、科学、系统地记录了莫高窟第266—275窟共11个编号洞窟的全部遗迹。获得了学术界公认,至今还有着很大影响。

敦煌研究院的一面墙上写着这样一句话:历史是脆弱的,因为她被写在了纸上,画在了墙上;历史又是坚强的,因为总有一批人愿意守护历史的真实,希望她永不磨灭。而这批守护历史真实的人

同样永不会磨灭。包括樊锦诗、彭金章夫妇在内的敦煌守护者,心甘情愿放弃优渥的生活,扎根在敦煌。愿倾尽所有,无怨无悔为敦煌奉献一生。他们将敦煌博大精深的内涵揭示给世人,让敦煌艺术走出敦煌,也让千年敦煌成为"不朽"的遗产。

第二辑

圆梦工程

我和我的祖国
WO HE WO DE ZUGUO

追 寻

1970年4月24日晚上，控制室里一声令下："点火！"控制按钮被按下，一声巨响划破夜空——东方红一号在长征一号火箭的推动下，直冲九霄，拉开了中华民族进军太空的序幕。

东方红一号成功发射后，全国人民都在收音机里听到了从卫星上传回的乐曲——《东方红》。那一刻，举国上下，一片欢腾。

东方红一号是中国发射的第一颗人造地球卫星，由以钱学森为首任院长的中国空间技术研究院自行研制。它的发射成功，标志着中国成为继苏联、美国、法国、日本之后世界上第5个用自制火箭发射国产卫星的国家。虽然它比苏联发射的第一颗人造卫星斯普特尼克一号晚了13年，但是它的质量超过了前4个国家第一颗人造卫星质量的总和，卫星跟踪手段、信号传递形式、卫星调控系统也比它们的优越。

航天人披荆斩棘，用胆识和智慧开启了共和国的航天大业。由此，中国开启了发现宇宙、和平探索太空的追寻之旅。

搭乘"神舟"去太空

"打开轨道舱舱门,按程序实施出舱。"

指令从地面传到太空。神舟七号中的航天员翟志刚接受指令,开启轨道舱舱门。时间一分一秒过去,舱门没有被打开。

"深吸一口气。"

"坚持住。"

"好!"

7分钟后,翟志刚再次奋力一拉,有光从外面透进来——门开了。欢呼声与掌声响彻地面大厅。

门外,是茫茫太空。

翟志刚一将舱门完全打开,就从舱内看到了蔚蓝的地球。

就在大家又一次欢呼鼓掌时,舱内响起了警报声。"我不知道是怎么了。"翟志刚说,但他仍然决定按原计划完成出舱行走的任务。

"神舟七号报告,我已出舱,感觉良好!"

"神舟七号向全国人民、全世界人民问好!请祖国放心,我们坚决完成任务。"

翟志刚在太空里发出了自己的声音。

这时,留守舱内的航天员景海鹏报告道:"仪表显示,轨道舱火灾,注意检查。"

危急时刻,航天员们表现出超乎常人的冷静。协助翟志刚完成出舱行走任务的刘伯明在轨道舱检查一番,没有发现火点。在巨大

我和我的祖国
WO HE WO DE ZUGUO

的压力面前,景海鹏保持冷静,继续操作飞船。刘伯明和翟志刚临时更改了任务顺序,抢先将五星红旗带出舱外。

翟志刚挥舞着五星红旗。

我们的国旗第一次挥舞在太空里!

地面指挥大厅内,一片欢呼。

2008年的神舟七号任务,实现了中国历史上第一次太空漫步,令中国成为世界上第3个独立掌握出舱活动技术的国家。

神舟七号的全称是神舟七号载人航天飞船,它由轨道舱、返回舱和推进舱构成,全长9.19米,重达12吨。它是中国神舟号飞船系列之一,也是中国第3个载人航天器,是首个有航天员进行出舱作业的飞船。航天员的出舱活动是一项高难度、高风险的活动。舱外航天服要求具有防微流星、真空隔热屏蔽、气密、保压、通风、调温等多种功能,航天服的手套要求

既密封又灵活，出舱背包有控制系统和通信系统，其控制系统配备的喷气装置使航天员可以借此控制行走方向。

飞船的返回舱是航天员往返太空时乘坐的舱段，为密闭结构。神舟飞船的返回舱呈钟形，有舱门与轨道舱相通。返回舱内设有可供 3 名航天员斜躺的座椅，座椅有特殊设计，可以减小返回着陆时受到的冲击力。返回舱有特殊的照明系统，舱内光线柔和明亮，可让航天员清楚地分辨仪表读数。返回前，航天员会把应急物品和要带回地球的仪器、胶卷、试验样品、科学数据、遥感资料等都放在返回舱里。当返回舱返回地球大气层，与大气剧烈摩擦时，尽管返回舱外表面会产生数千度的高温，舱内的温度仍可以控制在 30 摄氏度左右。科学家通过试验研究发现，返回舱的大钟形状比较有利于实现防热目标。而且，科学家还给返回舱穿上了特殊的"防热衣"——我国自主研发的以烧蚀防热为主、以辐射式防热和隔热为辅的防隔热材料体系。穿上这件"防热衣"，返回舱当然不怕热啦！

在此之前，2003 年，神舟五号搭载航天员杨利伟进入太空，它是我国第一个载人航天器；2005 年，神舟六号将费俊龙、聂海胜两名航天员送上太空，完成多人多天的空间飞行作业任务。在此之后，2012 年，神舟九号搭载着景海鹏、刘旺、刘洋 3 名航天员去太空，执行天宫一号和神舟九号的对接任务。刘洋是我国首个进入太空的女性航天员。2013 年，神舟十号的任务更加艰巨，要为未来空间站任务积累经验。2016 年，景海鹏和陈冬完成了神舟十一号与天宫二号进行合体飞行的任务，并且创造了中国航天历史上飞行时间最长的纪录，一共飞行了 33 天。景海鹏是中国迄今为止执行太空任务次数最多的一个航天员。

跟随"嫦娥"去月球

2018年12月8日，嫦娥四号探测器搭载着玉兔二号月球车，在西昌卫星发射中心搭乘长征三号乙运载火箭成功升空，开启了对月球探测的新旅程。

2019年1月3日，1吨多重的嫦娥四号探测器成功着陆在月球背面的南极-艾特肯盆地内的冯·卡门撞击坑。南极-艾特肯盆地是月球上最大的环形山，而冯·卡门撞击坑是整个太阳系中最古老的撞击坑，年龄大约为36亿年，其中保存了原始月壳的岩石，并可能含有水，因此具有极高的科学研究价值。嫦娥四号探测器成功实现了人类首次在月球背面软着陆。2019年2月4日，国际天文学联合会还特别批准，将嫦娥四号探测器在冯·卡门撞击坑里着陆的中央峰取名叫"泰山"。

在过去的半个多世纪里，人类已经发射了100多个月球探测器，但还没有一个能够实现在月球背面着陆。虽说是同一个星球，但月球正面和背面无论在物质成分、形貌构造，还是岩石年龄上，都有很大差异。月球背面指月球永远背对地球的一面。月球背面布满了起伏不平的撞击坑。在月球背面，来自地球的电波会被遮蔽，因此飞船飞进月球背面时会和地球中断通信。虽然人类的飞船也曾经拍到过月球背面的照片，但人们对月球背面的认识依然很少。嫦娥四号探测器想要顺利地在月球背面开展工作，还需要鹊桥号中继卫星的支持。鹊桥号是全球首颗地月间通信中继卫星，2018年5月发射成功并顺利进入轨道，为嫦娥四号探测器和地面指挥中心提供通信链路。

在地面指挥中心的控制下，嫦娥四号探测器展开了太阳翼，拍

第二辑　圆梦工程

下了人类探测器在月球背面拍摄的第一张图片，传回地球。此时，月球上的嫦娥四号探测器已经分离成了两部分——玉兔二号月球车和嫦娥四号着陆器，玉兔二号月球车前进时，在月球背面留下两条清晰而整齐的痕迹。

嫦娥四号着陆器上装有地形地貌相机，它拍摄下了着陆地区的环拍全景照片，也拍下了玉兔二号月球车与之分离后渐行渐远的背影。根据这些图片，科学家们可以对月球背面的地貌进行初步的分析，更有利于对玉兔二号月球车进行路径规划。这些相机还将为我

们提供更多月球背面的壮观图像。

2019年1月11日，嫦娥四号着陆器和玉兔二号月球车在月球上度过了第一个月昼（月球的白天，一个白天相当于地球上的14天）后，在鹊桥号中继卫星的支持下，它们展开了互拍，并顺利把图像传回北京航天中心。荒凉的月球表面上，玉兔二号月球车上的五星红旗显得格外鲜艳、美丽。

玉兔二号月球车上搭载的高科技仪器能够分析月表矿物成分，探测月壤厚度和月壳浅层结构，帮助科学家了解太阳风是如何与月壤相互作用的。玉兔二号月球车还是一只爱睡觉的"兔子"。在月夜、月午期间，它都要进入休眠状态。因为月球没有大气层，月球表面的最低温度大约零下272摄氏度，最高温度可达127摄氏度，温差将近400摄氏度。为了保护玉兔二号月球车和它搭载的科学仪器，科学家就让它进入休眠模式。同时，它的内部装有温控装置，外部包裹着厚厚的隔热组件，金黄色"外套"可以反射强光，能够帮助它控制"体温"。

嫦娥四号任务是中国探月工程史上首次开展国际载荷搭载与联合探测，提高了中国在月球空间科学领域的研究能力，提升了中国航天的国际影响力。2004年，中国正式开展月球探测工程，并给它取名为"嫦娥工程"。嫦娥工程分为无人月球探测、载人登月和建立月球基地3个阶段。2007年10月24日，嫦娥一号探测器成功发射升空，它进行绕月探测，获取了月球表面的三维立体影像，探测了月壤厚度。在圆满完成各项使命后，它于2009年3月1日按预定计划受控撞月，结束使命。2010年10月1日，嫦娥二号探测器顺利发射，圆满并超额完成各项任务。2013年12月14日，嫦娥三号探测器成功在月球着陆，之后创下在月球表面工作时间最长的世界纪录……

作为距离地球最近的天体，月球是迈向更远深空的中转站，它独特的环境、位置和资源，让它成为人类开发利用太空的首选目标。中国探月工程"五战五捷"，在国际月球探测领域正在从"跟跑"走向"领跑"。2019年年底，中国还计划实施嫦娥五号任务。这是中国探月工程"绕、落、回"三步走战略的最后一步。如果2020年中国能发射第一个火星探测器，那意味着中国将跻身世界航天强国行列。未来10年左右，月球南极将出现由中国主导、多国参与的月球科研站。

到"天宫"去做实验

空间站是航天技术的尖端技术领域。早在1992年，中国就确立了以建立空间站为目标的航天计划。

2016年9月15日，中国在酒泉卫星发射中心用长征二号ＦＴ2运载火箭将天宫二号空间实验室发射升空。天宫二号空间实验室，是继天宫一号后中国自主研发的第二个空间实验室，也是中国第一个真正意义上的空间实验室。

2016年10月19日，神舟十一号载人飞船与天宫二号空间实验室自动交会对接成功，航天员景海鹏、陈冬进入天宫二号空间实验室。

在天宫二号空间实验室里，景海鹏、陈冬接受了一项特殊的挑战。他们将水由下往上注入一个特制的玻璃茶杯，用茶膏冲泡出一杯普洱茶。在失重状态下，景海鹏以头朝下的倒立姿势将这杯茶一

饮而尽。

"味道美极啦!"景海鹏喝完茶之后发出这样的感叹。

同年11月18日下午,神舟十一号载人飞船顺利返回着陆。

在天宫二号空间实验室里,航天员们更多的是扮演太空实验员的角色。陈冬回到地面后就交出了自己的科学作业。比如他和景海鹏亲手种下并长出来的9棵绿油油的生菜长成了,他们作为中国航天员首次参与的生物样品的回收,部分拟南芥样品能为植物学家的后续分析提供第一手材料。

陈冬说,地面科学家设计了非常好的各种实验,他和景海鹏在太空就是科学家的"眼睛和手臂","我们可以骄傲地说,地面科技人员的太空梦想通过我们的双手实现了"。他还萌生了做"科研型"航天员的念头:"希望自己可以独立设计实验,将来在太空中再去亲手完成它,那种感觉一定非常奇妙。"

为什么要在太空做实验呢?

通常科学家给出的解释是:太空是非常特殊的环境,除了微重力之外,太空还提供了强辐射、高温、深冷等地球无法具备的条件。因此,可以完成许多地面上无法完成的工作,尤其是在材料研究方面,科学研究的价值巨大。载人航天工程空间实验室系统总设计师朱枞鹏说,这些太空资源为人类探索生命起源、开展基础科学和前沿技术领域的研究提供了最新的试验场。

中国在过去30多年里,除了使用返回式卫星、高空科学气球,也利用神舟系列飞船和天宫一号、天宫二号,搭载了数以千计的作物种子、试管苗、生物菌种和材料,航天育种已大规模在农业生产中推广应用,明显提高了农作物产量,改善了农产品质量。

景海鹏、陈冬从天宫二号空间实验室上带回了水稻、小麦、辣

第二辑 圆梦工程

椒、甜瓜、豆角、南瓜、西葫芦、黄瓜、葫芦、冰菜、山桐子、苦荞等种子。这些从天外回来的种子已经在地球的太空育种基地安了"家"。空间站建造完成后,将在轨运行 10 年以上,未来,太空育种技术还会被用于解决空间站里航天员的食品自给问题,到那时,除了航天员,科学家也有机会飞向太空,可以亲手操作自己精心设计的实验了。中国空间站有望成为浩瀚苍穹里一座"会飞的农场"。

让"北斗"为你指路

如果在野外迷路了,通过手机上的导航软件,你很快就能找到回家的路。

手机导航软件为何如此厉害呢?因为天上的导航卫星系统是它的强大后盾呢。卫星提供定位功能,而手机APP就负责承担计算路径、导航功能。

我国的北斗卫星导航系统(以下简称北斗系统)、美国的全球定位系统(GPS)、俄罗斯的格洛纳斯卫星导航系统、欧盟的伽利略卫星导航系统是目前世界上的四大导航系统。

北斗卫星导航系统是中国着眼于国家安全和经济社会发展需要,自主建设、独立运行的全球卫星导航系统,是为全球用户提供全天候、全天时、高精度的定位、导航和授时服务的国家重要空间基础设施。

20世纪后期,中国为自己的卫星导航系统发展设计了三步走发展战略,使得北斗系统的服务对象从中国到亚洲再发展向全球。

2017年11月5日,中国第三代导航卫星北斗三号顺利升空,它标志着中国正式开始建造北斗系统。

从2000年10月31日中国第一颗北斗导航试验卫星发射,到2019年9月23日第47、48颗北斗导航卫星升空,19年过去,北斗系统已成为一个大家族,目前,北斗系统有33颗卫星在轨运行,为地球上的人们提供服务。

北斗系统亮点很多,将中国的导航技术有效提升至世界领先水平。卫星定位系统的核心技术之一是授时精度,目前,精度最高的就是原子钟。而中国研制出具有完整自主知识产权的星载铷原子钟,

 第二辑　圆梦工程

授时精度达到百亿分之三秒，已经在北斗三号卫星上使用啦！惯性导航技术可以让北斗系统在世界任何角落都可真正实现不间断的导航。在信号难以覆盖的地区，北斗系统采用事先测绘好的地图，为用户规划最佳路线。

随着北斗系统建设和服务能力的发展，北斗系统可以为交通运输、海洋渔业、水文监测、气象预报、测绘地理信息、森林防火、电力调度、救灾减灾、应急搜救等众多领域服务，神通广大的北斗系统可以说渗透到人们社会生产和生活的方方面面，为国家乃至世界的经济和社会发展注入新的活力。

在防灾减灾方面，北斗系统可以提高天气预报、地质灾害预报的精确度，提高预防自然灾害的能力。

北斗时空智能表，不仅可以通过卫星纠正时间，还能随时切换界面，让人们了解天气情况，进行导航，还能通过运动量、睡眠质量监测了解使用者的身体状况，得出合理科学的建议。此外，北斗系统能给遇到困难的老人、儿童提供帮助，让其家属或监护人通过卫星监测提供的信息，第一时间赶到他们身边……

北斗系统是中国自主研发的卫星之一。像资源卫星、气象卫星、通信卫星、海洋卫星等都是中国卫星家庭的重要成员，它们已广泛应用于国民经济各个领域和国防现代化建设中，为国家和社会发挥重要的作用。

著名哲学家康德说，世界上有两样东西能深深地震撼我们的心灵，一件是我们心中崇高的道德准则，另一件是我们头顶上的星空。

因为航天人的追寻，那广袤的星空带给我们许多感动和温暖。从无人飞行到载人飞行，从一人一天到多人多天，从舱内实验到出舱太空行走，从单船飞行到组合体稳定运行……天地往返、出舱活动、交会对接……如今，我们仍在追寻，追寻那更远的星际。

第二辑　圆梦工程

智 造

指南针、造纸术、印刷术、火药。

孩子们闭着眼都能数得出来的中国古代四大发明，却是古代劳动人民凝思、巧干，在实践中不断探索得来的。创造才有生命力，创新才有奔向未来的动力。中国人，在用属于自己的东方智慧影响世界。

只有打造民族品牌，才能在世界舞台彰显中华泱泱大国的创造风貌。而在打造民族品牌的路途中，"中国制造"正日益成为"中国智造"。

创造无国界，创造无止境，"中国的"也可以是"世界的"。从杂交水稻到大飞机首飞，从"天眼"探空到"蛟龙"探海，"中国智造"的每一张名片都是中国对时代的回应，对世界的呼唤。

我和我的祖国
WO HE WO DE ZUGUO

大飞机首飞

2017年5月5日，上海浦东机场。中国首架自主研发的大飞机C919一飞冲天，梦圆华夏，令国人为之骄傲和自豪。正如《翱翔蓝天》的歌词里写道："为什么仰望星空？因为我们渴望翱翔。为什么拥抱蓝天？因为国家梦想。经历过太多迷惘，从没改变过信仰。"

对中国人来说，C919创造了很多个第一：第一次按照世界先进标准研制现代干线飞机；第一次自主设计超临界机翼就达到了世界先进水平；第一次成功应用3D打印钛合金零件，建立了钛合金3D打印专用原材料及产品规范；经过10年探索，第一次大规模使用铝锂合金材料……

"正因为我们自主进行了顶层设计，才敢拍着胸脯说，C919是有完全自主知识产权的，是我们自己的大飞机，绝对的中国制造。"C919总设计师吴光辉说。

吴光辉说起自己的成长经历，充满感情地说："小时候，我就喜欢摆弄一些电子零件。高中时，我自己动手组装了一台收音机。拿一块胶木板，钻个孔，打个铆钉，加一个变压器、一个整流器、一个空气电容。组装成功以后，效果还不错，能听新闻，还能帮助学外语。应该说，这个爱好对我走上航空之路有一定影响。"

上大学时，吴光辉报考了自己喜欢的飞机设计专业。"我个人比较爱好电子，后来一看专业很多，有飞机设计、电子电气、雷达、发动机等，当时就想学飞机设计，将来可能做总设计师，于是就报

第二辑 圆梦工程

了飞机设计专业。"从此,吴光辉与航空结下了不解之缘,飞机设计事业成了他一生的追求和挚爱。

让国产大飞机早日翱翔于蓝天,曾经是数代中国人的梦想。20多年来,吴光辉几乎没有休过年假。吴光辉说:"干我们这一行的,都有一种航空情怀,一个航空报国的梦想。"

C919机身长38.9米,翼展近36米,它的个头比波音737、空客320略大;C919中的"19"代表它最大的运输能力为190座;全机零部件总数达250万个。在C919研制过程中,科技人员们解决了100多项技术难题,申请专利170余项。

"起飞那一瞬,我才觉得有点儿累了,"吴光辉说,"即便是一个

小铆钉的使用,对于飞机运行来说都是致命的大事。总设计师,就是要承担责任,要抓大事、定方向;总设计师要专业知识过硬,把关技术;总设计师要统筹协调……"这番话的背后有着吴光辉无数的艰辛和付出。

"我希望,也期待着,C919能够受到市场的追捧,希望它能够成为一款明星飞机。这是一个起点,绝不是终点,我们永远在路上。"吴光辉说。

2007年立项,2017年首飞,十一年磨一剑。设计、研制、测试、下线、首飞……C919这款国产大飞机从无到有,承载了亿万国人对中国航空事业的期待。2018年9月1日,中央电视台播出《开学第一课》,吴光辉在节目中深情讲述了"中国智造"背后的探索故事。

C919大型客机的成功研制,是中国自改革开放以来在民族工业创造方面取得的重大成就。习近平总书记在2018年新年贺词中,也为"C919大型客机飞上蓝天"喝彩点赞。

"蛟龙"探海

在我们生活的地球上,有将近71%的地球表面积被海洋覆盖,海洋总面积约为3.6亿平方千米,辽阔程度可想而知。其中,海洋最深处可达1万多米。

海底世界光怪陆离,充满了迷幻和神奇的色彩。自古以来,人类就对大海充满着无尽的遐想与向往。法国作家凡尔纳的《海底两万里》描绘了美妙壮观的海底世界。《西游记》里孙悟空手上拿着的金箍棒,也是海洋龙宫里的定海神针变化出来的。

第二辑 圆梦工程

　　这个深不可测的神奇世界一直吸引着人们去探索奥秘。让我们国人骄傲的是,"中国智造"正引领我们"上九天揽月,下五洋捉鳖"。在世界上为数不多的探海设备中,中国设计制造的"蛟龙号",成为载人潜水器中一颗闪耀的明星。

　　"蛟龙号"是第一艘由中国自行设计、自主集成研制的载人潜水器。同时,"蛟龙号"也是目前世界上下潜能力最深的深海载人潜水器。"蛟龙号"载人潜水器长 8.2 米,宽 3.0 米,高 3.4 米,可搭载 3 人,设计潜水深度为 7000 米,能探索占世界海洋面积 99.8% 的海域。"蛟龙号"载人潜水器住在中国首个国家深海基地——青岛鳌山湾。这是继俄罗斯、美国、法国和日本之后,世界上第五个深海技术支撑基地。从 2009 年至 2012 年,"蛟龙号"载人潜水器接连取得 1000 米级、3000 米级、5000 米级和 7000 米级海试的成功。7000 米

这个数字对"蛟龙号"载人潜水器、对中国都有着十分特殊的意义，它不仅证明了"蛟龙号"载人潜水器集成技术的成熟，也标志着中国深海潜水器成为海洋科学考察的前沿与制高点之一。

唐嘉陵是"蛟龙号"载人潜水器的潜航员，曾成功完成72次下潜，其中8次下潜的深度超过6500米，最大下潜深度7062米。"我是国家深潜事业的参与者和见证者。"唐嘉陵这样骄傲地说。

"透过潜水器的窗户，看到海底热液喷口周围爬满了盲虾，美丽的水母四处游动，还有硕大的海参缓缓爬行，原来深海如此热闹。" 2014年，驾驶"蛟龙号"载人潜水器下潜到3780米海底时，唐嘉陵这样说。

从设计到使用，"蛟龙号"载人潜水器凝聚了无数中国科研工作者的心血。党的十九大报告提出"加快建设海洋强国"，中国将不断向深蓝世界进军，开拓人类在地球大洋深处的"眼界"，体现中国维护人类共同的"蓝色家园"的担当。

"天眼"探空

从古到今，人类总抬头用好奇的眼仰望星空。因为它遥不可及，因为它神秘莫测，人类创造了许许多多美丽的神话和传说，也用智慧和科技造出各种不同的科技设备，帮人类好好地"看一看"，这其中就包括射电望远镜，人们形象地称它们为"天眼"。

2016年9月25日，"中国天眼"在贵州大山深处落成启用。这是由中国天文学家南仁东于1994年提出构想，历时22年建成的。"中国天眼"的全名叫500米口径球面射电望远镜，简称FAST。它是由中国科学院国家天文台主导建设的，具有自主知识产权，同时也是世界最大单口径、最灵敏的球面射电望远镜。它为中国打开了一扇与浩瀚宇宙对话的全新窗口。

有"天眼之父"之称的天文学家南仁东，是"中国天眼"工程的发起者和奠基人，主持攻克了一系列技术难题。

南仁东说："在我眼中，知识没有国界，但国家要有知识。"为了中国的大型射电望远镜事业，南仁东辛苦奔走，倾注了自己所有的聪明才智。

童年时，南仁东很受小伙伴们钦佩，他有出色的逻辑推理能力、超强的记忆力，他喜欢旅游、画画，对科学知识相当着迷。1963年，南仁东考入清华大学无线电系，后来又相继获得硕士、博士学位。1982年，他进入中国科学院北京天文台工作。从1994年起，南仁东一直负责"中国天眼"的选址、预研究、立项、可行性研究及初步设计。

为给"中国天眼"选址，南仁东踏遍了贵州大山里大大小小的洼地。项目启动后，南仁东参与到项目设计的每一个环节中，时常去各处视察，有时还会与工人一起工作。在南仁东的带领下，无数个技术人员默默付出和奉献，终于让"中国天眼"从构想变成现实，成为中国又一个"国之重器"。

那么，"中国天眼"到底有多牛呢？它的直径有500米，接收面积足足有30个标准足球场那么大，反射面积大约有25万平方米。截至2019年8月28日，"中国天眼"已经发现了132颗优质的脉冲星候选体，其中有93颗已经被确认为新发现的脉冲星。为什么要让"中国天眼"找脉冲星呢？原来，脉冲星在太空中会不断地发出稳定的脉冲信号，未来，当人类要去往火星，甚至飞出太阳系、银河系时，脉冲星的信号可以用来进行定位、导航。

2017年,为"中国天眼"呕心沥血的南仁东因病去世。人们还时常会想起他生前说过的那句话:"美丽的宇宙太空,正以它的神秘和绚丽,召唤我们踏过平庸,进入到无垠的广袤。"

杂交水稻稻花飘香

曾几何时,如何吃饱饭是中国人面临的一个大问题。20世纪90年代,美国经济学家莱斯特·布朗就向世界发问:"21世纪谁来养活中国人?"在中国大地上,一位身形瘦削的老人用行动和技术做出了回答——中国人通过科技进步和选育的杂交水稻,不仅养活得了自己,还可以帮助发展中国家解决粮食短缺问题。这位老人就是享誉世界的科学巨人——"杂交水稻之父"、中国工程院院士袁隆平。他带给全世界一个充满智慧与创造的传奇。

袁隆平的青少年时期,正值日军的铁蹄践踏中国的屈辱岁月。他从小跟着家人过着颠沛流离的逃难生活,在重庆求学时又有了大轰炸的亲身经历,这让他发自内心地感到,要想不受别人欺负,国家必须强大起来。从那时起,他树立了和祖国同呼吸共命运的决心。

袁隆平身上一直有一股不服气的精神。17岁那年,喜欢游泳的他向体育老师报名参加运动会游泳比赛预选,老师看看他说:"你个子太小,体力不够,不行!"可袁隆平觉得自己游泳技术不赖,很想去正式比赛上试试身手。预赛的那天早晨,袁隆平也跟在同学后面,去了比赛的游泳场。老师看见他就笑了,说既然来了,也就试试吧!结果出人意料,袁隆平竟然获得100米和400米自由泳两项第一。后来,袁隆平又参加省游泳比赛,拿回个第二名。正是这股

第二辑 圆梦工程

子不服气的精神，促使他攻坚克难，努力攀登高峰。

袁隆平从西南农学院遗传育种专业毕业后，被分配到湖南安江农校工作。"作为新中国培育出来的第一代学农大学生，我下定决心要解决粮食增产问题，不让老百姓挨饿。"袁隆平在心中暗暗发誓。

1962年，袁隆平开始从事水稻研究，两年后，他进一步研究杂交水稻。经过9年的努力钻研，袁隆平的杂交水稻研究成功了，于1976年开始进行大面积推广。1979年，中国将1.5千克杂交水稻种子赠送给美国西方石油公司，中国的杂交水稻开始走出国门，给世界人民带去福音。到目前，中国杂交水稻已经在越南、菲律宾、印度、斯里兰卡等40多个国家进行研究或引种，种植面积达到700万公顷。

"我曾经梦到自己种的水稻跟高粱一样高,穗子像扫把那么长,颗粒像花生米那么大。"几十年来,袁隆平深耕田地,和水稻做朋友,"不从事杂交水稻培育,我的生活就没有意义了。"

袁隆平常年四季打着赤脚,撸着袖子,站在水田里认真打量水稻。袁隆平说:"我今生最大的心愿是让杂交水稻更多地造福世界。我希望杂交稻不仅对建设中国的和谐社会做贡献,也希望为建立世界和平做贡献,我认为这应该是中国对世界的贡献。"

杂交水稻研制成功后,各种荣誉接踵而来:联合国知识产权组织"杰出发明家"金盾奖、联合国教科文组织"科学奖"、国内第一个特等发明奖、国家首个最高科技奖……"我的童年是在抗日战争的烽火中度过的,我知道民族的屈辱和苦难。当我能用科学成就在世界舞台上为中国争得一席之地时,'杂交水稻之父'的称谓也好,各种名目的科学大奖也好,都不重要。我首先想到的是,我为中国人赢得了荣誉和尊严。"袁隆平说。

2004年,袁隆平当选为"感动中国"年度人物,大会给他的颁奖词中这样写道:"他是一位真正的耕耘者。当他还是一个乡村教师的时候,已经具有颠覆世界权威的胆识;当他名满天下的时候,却仍然只是专注于田畴,淡泊名利,一介农夫,播撒智慧,收获富足。他毕生的梦想,就是让所有人远离饥饿。喜看稻菽千重浪,最是风流袁隆平!"

2018年11月22日,在接受未来科学大奖组委会颁发的奖杯时,袁隆平说:"我希望青年科学家不要过分计较个人得失,而是要把国家和人民的利益作为自己的奋斗目标,不断努力。"

耄耋之年的袁隆平仍然没有停下奋斗的脚步。2018年,他带领研究的超级稻在河北永年示范田里的平均亩产达1203千克。截至 2019 年，中国杂交水稻种植面积已超过 1333 万公顷，占水稻总种植面积的 51%，产量约占水稻总产量的 58%。2019 年 9 月 29 日，袁隆平在人民大会堂从习近平总书记手中接过那枚闪亮的"共和国勋章"。他表示自己还要再攀高峰！

　　袁隆平的贡献已经超越了杂交水稻。袁隆平是属于中国的，更是属于世界的。在浩瀚的宇宙中，有一颗以袁隆平的名字命名的小行星。夜晚，当我们仰望星空时，"袁隆平星"闪烁着最耀眼的光芒。

力 量

在BBC(英国广播公司)发起的"20世纪最具标志性人物"的票选活动中,中国首位诺贝尔生理学或医学奖得主屠呦呦是此次入选的科学家中唯一的亚洲面孔。她带领团队发现了抗疟药物青蒿素,攻克了一个世界性的健康难题,让中国医药拯救了全球范围内特别是广大发展中国家数以百万计疟疾患者的生命。

中国"两弹元勋"邓稼先的功绩举世瞩目,他是我国核武器理论研究的奠基人与开拓者之一,成功设计了中国的原子弹和氢弹,把中华民族国防自卫武器引导到了世界先进水平。外国媒体用"比一千颗太阳还亮"来形容和赞誉邓稼先献身事业的精神。"鞠躬尽瘁,死而后已"是他一生真实的写照。

"当祖国需要我冲锋陷阵的时候,我就一次流光自己的血;当祖国需要我一滴一滴地流血的时候,我就一滴一滴地流。"这是黄旭华院士对祖国的承诺,也是他一直以来的坚守。他是最早参与中国第一代核潜艇研制的研究专家之一,在实现毛泽东主席"核潜艇,一万年也要搞出来"的伟大誓言中发挥了重要作用。

"烧不死的鸟终成凤凰"。华为首席执行官任正非的这句话正逢其时。自2019年5月中旬被美国列入"实体清

第二辑 圆梦工程

单"以来，华为凭借先进的技术力量，极具忧患意识的战略布局以及坚韧硬气的钻研精神，赢下了这艰苦的一仗。华为真正成了与苹果公司、高通公司等比肩的具有超凡影响力的全球性企业。

与国同梦是坚持，是信仰，是持久不变的情怀。

为国增光是担当，是责任，是永恒追求的向往。

正如习近平总书记所言："英雄模范们都在党和人民最需要的地方冲锋陷阵、顽强拼搏，几十年如一日埋头苦干，为国为民奉献的志向坚定不移，对事业的坚守无怨无悔，为民族复兴拼搏奋斗的赤子之心始终不改。"以邓稼先、黄旭华、屠呦呦为代表的中国科学家和以华为为代表的中国企业以潜心钻研、传承创新、勇攀高峰的精神攻克了一个又一个难关。几十年风雨沧桑，他们筚路蓝缕、艰苦奋斗，将个人梦想与祖国命运紧紧相连。几十年砥砺前行，他们以卓越的功勋和崇高的精神托起祖国的臂膀，汇聚成助推国家发展进步的雄浑力量。

我和我的祖国
WO HE WO DE ZUGUO

为全球卫生治理提供"中国处方"

在中国中医科学院，屠呦呦一待就是60余载。由于没有博士学位、留洋背景和院士头衔，屠呦呦被称为"三无科学家"。然而，就是这位质朴低调的"三无科学家"在2011年获得了被视为诺贝尔奖风向标的拉斯克医学奖。4年后，屠呦呦成为中国本土第一个自然科学领域的诺贝尔奖得主，也是中国诺贝尔奖获得者中唯一的女性。

2019年，在BBC发起的"20世纪最具标志性人物"票选活动中，屠呦呦的投票超过了宇宙探秘人斯蒂芬·霍金、量子力学的创始人马克斯·普朗克，她与阿尔伯特·爱因斯坦、玛丽·居里等先驱一道成为科学领域的候选人。值得注意的是，屠呦呦是科学领域唯一在世的候选人。艰难时刻仍秉持科学理想，砥砺前行亦不忘回望过去，她的成就跨越了东方和西方——这是BBC列出的屠呦呦入选的3大理由，这也是对她几十年默默坚守所补写的最佳注脚。

自1969年正式接触抗疟药至今，半个世纪的岁月中，屠呦呦一直专注于青蒿素的发现与研究。在得知国内其他科研机构已筛选了4万多种抗疟疾的化合物和中草药，都没能有令人满意的发现后，屠呦呦决定系统地整理历代医籍。她四处走访老中医专家，大量翻阅医学古籍，在此基础上精选编辑了包含640个方药的《疟疾单秘验方集》，这其中，就包括后来提取出青蒿素的青蒿。屠呦呦的研究思路就是遍采药方，然后老老实实地一个一个实验，但真正操作下来，并没有有效的研究成果。黑暗摸索之中，出自东晋葛洪《肘后备急方》中对青蒿截疟的记载——"青蒿一握,以水二升渍,绞取汁,尽服之"点亮了屠呦呦的希望之火。屠呦呦决定改试青蒿,但面临的又是数次失败。

经过多次实验后,屠呦呦突然意识到,也许正是加热高温破坏了青蒿里的有效成分,古人"绞取汁"可没法在实验室里加热提取。于是,屠呦呦决定换用沸点只有34.6摄氏度的乙醚提取青蒿。1971年10月4日,屠呦呦带领的团队在第191次实验中终于有了突破。青蒿乙醚中性提取物样品抗疟实验的最终结果证实了之前的猜想,青蒿中的有效成分对疟原虫的抑制率达到了100%。随着检测结果的揭晓,整个实验室都沸腾了。那个时候条件十分艰苦,实验室连基本的通风设施都没有,研究人员只能戴个无法防御有毒物质的棉纱口罩。屠呦呦每天都要接触大量乙醚,一天工作下来时常头昏脑涨,身体健康受到了一定损伤,还因此得了中毒性肝炎,可她依然不肯放弃。为了确保青蒿素用于临床的安全性,屠呦呦甘当"小白鼠",她向领导提交志愿试药报告时铿锵有力地说:"我是组长,我有责任第一个试药!"好在试药的结果并无大碍。1986年,青蒿素终于通过了新药审批。一株小草改变世界,中国之蒿由此走向世界。

如果屠呦呦没有发现青蒿素,人类与疟疾已持续千年的战争,也许依旧一眼望不到尽头。"青蒿素是人类征服疟疾进程中的一小步,也是中国传统医药献给人类的一份礼物。"屠呦呦多次提到中国医药学是一个伟大宝库,她的成就让世界的目光重新聚焦到传统医学上。这位已经誉满全球的科学家,仍在科技攻关一线孜孜不倦。为了扩大青蒿素的适应症,在"青蒿素抗药性"研究获得新进展的同时,她还带领团队发现,双氢青蒿素对治疗具有高变异性的红斑狼疮效果独特。

第二辑 圆梦工程

2017 年，屠呦呦获得 2016 年度国家最高科学技术奖，这也是该奖设立 17 年来首次授予女科学家。2018 年，党中央、国务院授予屠呦呦同志"改革先锋"称号，颁授改革先锋奖章。2019 年 9 月 17 日，她被授予"共和国勋章"。

面对如今铺天盖地的表彰和荣誉，屠呦呦只是淡淡地表示："目前青蒿素抗疟的疗效比较客观，但青蒿素抗疟的药物深层机理还要继续研究。"在她看来，这条科研道路道阻且长，成绩是团队集体智慧的结晶。她身体力行告诉大家："科学研究，不是为了争名夺利。"

他的名字和工作曾是中国最高机密

1986 年 6 月 24 日，《人民日报》《解放军报》等重要报刊同时刊发了"两弹元勋——邓稼先"的长篇报道。报道介绍了邓稼先为研制我国原子弹、氢弹等核武器做出的重大贡献，一个隐匿了 28 年的秘密终于浮出水面。而此时，在解放军 301 医院，虚弱的邓稼先正躺着接受输血。他的生命已经进入最后阶段。直到这个时刻，他的名字才为人知晓。

1947 年，邓稼先通过了赴美研究生考试，于翌年进入美国普渡大学研究生院。由于成绩突出，不足两年便取得物理学博士学位，此时他只有 26 岁，人称"娃娃博士"。拿到博士学位的第 9 天，在抗日救亡的呼声中成长起来的邓稼先，满怀着一腔报国的热情，回到了一穷二白的祖国。

1958 年，原子能研究所所长钱三强找到邓稼先，说国家要放一个'大炮仗'，征询他是否愿意参加这项必须严格保密的工作。邓稼

先义无反顾地同意。从此，他隐姓埋名，为国家的核武器事业倾尽毕生心血。

在百废待兴的新中国，要自主研制一颗原子弹非常艰难，当年美国第一颗原子弹的科研队伍里，至少有14人是诺贝尔奖得主，而邓稼先所带领的团队，则是一群刚毕业的大学生。他带着这批大学生，白天挑砖抬瓦，搞试验场地基建，晚上挑灯夜战，学量子力学理论。在缺乏资料和实验条件的情况下，邓稼先既当领导，又当老师。为了研制出我国自己的"争气弹"，邓稼先带领大家在简单的手摇计算机和算盘上一日三班倒地演算、核实每一个数据。他们为了提高效率经常工作到天亮，邓稼先甚至发出"一个太阳不够用的"感叹。在遇到一个苏联专家留下的核爆大气压的数字时，邓稼先带领的团队以严谨的计算推翻了原有结论，从而解决了关系中国原子弹试验成败的关键性难题。著名数学家华罗庚曾称完成这个复杂而艰难的运算是"集世界数学难题之大成"。

1964年10月16日，下午3时整。伴随着一声惊雷，在人迹罕至的荒漠里，一朵巨大的蘑菇云在我国西部地区新疆罗布泊上空冉冉升起。中国成为继美国、苏联、英国、法国之后，世界上第5个拥有核武装的国家。激动和喜悦的心情传遍了祖国大地，蘑菇云的巨大轰鸣，震惊了整个世界。

来不及庆功和休整，邓稼先又组织领导了中国第一颗氢弹的理论设计工作。1967年6月17日上午8时中国第一颗氢弹空爆试验成功。

从第一颗原子弹爆炸到第一颗氢弹试验成功，美国用时7年3个月，苏联为6年3个月，英国为4年7个月，法国为8年6个月，而我国仅用了2年8个月，在核试验这条道路上，美国进行了1000

第二辑 圆梦工程

余次，而我国只进行了 45 次。

中国在基础薄弱的情况下以惊人的速度研制成原子弹和氢弹，让西方人难以置信，在他们看来，这一定是得到了外国人的援助。杨振宁回国探亲返程之际，问还没有暴露工作性质的邓稼先："在美国听说，中国的原子弹是一个美国人帮助研制成的，这是真的吗？"邓稼先请示了周恩来总理后，写信回复他："无论是原子弹，还是氢弹，都是中国人自己研制的。"这封短短的信证实了杨振宁的猜想，给了他极大的感情震荡，他为邓稼先感到深深的骄傲和自豪。

在中国总共进行的 45 次核试验中，邓稼先参加过 32 次，有 15 次，是由他现场亲自指挥。1979 年，有一次氢弹航投试验出现降落伞事故，氢弹直接从空中摔了下来。一旦发生事故，后果不堪设想。邓稼先深知危险，心急如焚，他第一时间前往事故现场鉴定氢弹碎片，经过仔细检验确认没有发生核爆后，他悬着的心才放了下来。邓稼先因此遭受了严重的核辐射。在这之后，邓稼先衰老得特别快，头发白了一大半，工作也特别容易疲惫。还有一次地下核试验，有一个机器出现了故障，有人主张把机器拉上来看看，但这样太危险。为了安全，在零下 30 摄氏度的戈壁滩上，邓稼先亲自下井解决问题。由于过于劳累，问题解决后邓稼先昏倒了。一量血压，竟然为零。抢救了两天两夜后，邓稼先醒来的第一句话是："研究报告出来了没有？"

1985 年，医生强迫邓稼先住院并通知他已确诊患有直肠癌。他无力地倒在病床上，面对妻子以及国防部长张爱萍的安慰，平静地说："我知道这一天会来的，但没想到它来得这样快。"

即使病入膏肓，邓稼先依然争分夺秒为祖国的核武器事业做贡献。他强忍着化疗带来的疼痛，和老搭档于敏联合署名写下了关于

中华人民共和国核武器发展的建议书。这份建议书直到今天，都对中国核武器事业产生着深远的影响。他的妻子许鹿希回忆说，邓稼先写完建议书之后，说了4个字：死而无憾！

1996年，于敏、胡仁宇等著名科学家联名以《十年，我们深刻怀念》为题在《光明日报》著文充满深情地回忆："每当我们在既定的目标下，越过核大国布下的障碍，夺得一个又一个的胜利时，无不从心底钦佩稼先的卓越远见。"

为祖国深潜

在2017年的全国精神文明建设表彰大会上，习近平总书记握住一位白发苍苍的老人的手，请他坐到自己身旁。老人执意推辞，总书记一再邀请，最后老人才在总书记身边坐下。这位老人就是大名鼎鼎的"中国核潜艇之父"——中船重工第719研究所名誉所长、首批中国工程院院士、我国第一代核潜艇总设计师黄旭华。黄旭华一生都在为我国核潜艇事业呕心沥血，与惊涛骇浪做伴，默默奉献一生。

黄旭华出身于医学世家，从医是他的梦想。1937年，"七七事变"爆发后，他决定放弃学医，立志科技救国。从上海交大造船系毕业后，他就与潜艇结下不解之缘。

1954年，美国"鹦鹉螺号"核潜艇首次试航获得全球关注。这种新式武器的巨大能量，一度超出当时人们的想象。1958年，我国也启动研制导弹核潜艇，然而研究开始不久后，苏联宣布撤回所有援华专家。黄旭华和当时老一辈科研工作者，连核潜艇的样子都没有见过，工作难度可想而知。面对超级大国的核威胁，毛主席斩钉截铁说出了振奋人心的一句话："核潜艇，一万年也要搞出来！"为了这句沉甸甸的嘱托，他和同事们坚定了献身核潜艇事业的决心。黄旭华从此隐姓埋名，全力拼搏，孜孜不倦战斗在核潜艇研制工作一线，整整30年没有回过老家。

当时世界上最先进的核潜艇外形是水滴型，美国发展核潜艇时分成了3步，最初采用适合水面航行为主的普通线型，再建造一艘常规动力水滴线型潜艇，都成功后，才结合研制成水滴型核潜艇。黄旭华认为时间紧迫，带领科研人员们直接开始适合水下高速航行的水滴型方案。他们从海外新闻报道中搜罗蛛丝马迹，和核潜艇相关的只言片语都细细研究一番，用算盘和计算尺计算核潜艇上的大量复杂数据——时任中航重工集团公司首席技术专家张锦岚感到不可思议："毕竟这不是简单的加减乘除，而是要运用三角函数、对数等各种复杂和高难度的运算公式和模型。"

在贫穷落后的年代，面对国外的技术封锁，科研攻关步履维艰，"没钱、没人、没资料、没技术"，所有研究只能全靠自力更生，摸索推理。正是依靠算盘加计算尺，黄旭华和同事们解决了高难度的尖端技术问题。

只用了10年，黄旭华和同事们成功了。中国海军第一艘核潜艇091型攻击核潜艇于1970年12月26日正式下水，1974年的建军节，它被命名为"长征一号"，正式服役。至此，中国成为第5个拥有核潜艇的国家。

黄旭华努力奋进、攻克难关的脚步并没有因此止步。1988年，我国在南海准备进行核潜艇设计首次极限深潜试验。1963年，美国王牌核潜艇"长尾鲨号"在做深潜试验时失败，艇上160个官兵无

一生还。相关报道引起了乘试人员情绪的波动,他们担心自己有去无回,很多人甚至写下了遗书。为了稳定人心,鼓舞士气,已经60多岁的黄旭华坚持亲自下潜至极限深度,指挥试验人员记录各项数据,成为世界上核潜艇总设计师下水做深潜试验的第一人。

在黄旭华忘我付出的岁月里,他与家人亲友彻底断了联系。尽管荣誉无数,却隐姓埋名长达30年,默默奋斗,甚至连亲人都不知道他在做什么。1988年当他回到阔别30年的老家时,父亲、兄长已经去世。当他和93岁的母亲重逢,想着离家时母亲"常回家看看"的叮嘱时,他无语凝噎。黄旭华对此深感内疚,但他并不后悔。他说:"我这辈子没有虚度,一生都属于核潜艇、属于祖国,我无怨无悔!"

作为我国核潜艇总体设计研究专家,黄旭华为我国第一代核潜艇从无到有、第二代核潜艇的跨越发展和第三代核潜艇的探索超越做出了卓越贡献。2013年,黄旭华被评为"感动中国"十大人物,颁奖词是这样写的:时代到处是惊涛骇浪,你埋下头,甘心做沉默的砥柱;一穷二白的年代,你挺起胸,成为国家最大的财富。你的人生,正如深海中的潜艇,无声,但有无穷的力量。

核心科技就是最好的力量

我们的手机系统、电脑操作系统,CPU(中央处理器)、半导体部件,生物科技、人工智能等等,这些行业几乎都是美国相关企业掌握着核心科技,美国已经习惯了在众多科技行业担当"领头羊"的角色,充满了优越感。但是,在5G刚开始商用布局的今天,这种情况发生了改变，华为公司的技术和设备更受用户的认可。数据证明华为才是 5G 的引领者。

2019 年 5 月，美国商务部将华为列入"实体清单"，打着"安全隐患"的名义，禁止美国公司（以及在美国拥有利益的外国公司）向华为公司出售相关技术和产品。美国甚至签署总统令，动用国家紧急状态，试图切断供应链打压华为。虽然发达国家严格控制高科技外输早已不是秘密，但像美国这样滥用"国家安全标准"，举一国之力在全球范围内打压限制特定企业的做法，有悖公平竞争原则，早已超出了常理。兵来将挡水来土掩，华为有条不紊地调整着战略，让美国感到制裁乏力。2019 年 7 月，美国商务部宣布将给部分美国企业发放许可，允许这些企业继续给华为供货、提供服务。

美国主动让步，原因复杂，但其中有一个很重要的原因是华为的技术足够成熟，限制华为不会让美国更安全，也不会让美国更强大，反而会对美国相关产业链的企业造成影响，让美国的 5G 网络建设落后于其他国家。在全球化的今天，5G 的大规模应用，不仅仅是通信体验的提升，更可能带动产业升级、开辟新的市场、创造新的行业。华为自 2009 年开始研发 5G 技术，10 年来，投入 5G 研发费用达 40 多亿美元，拥有 5G 通信网络的大量技术专利。2019 年 3 月份，世界知识产权组织公布的国际专利报告显示，华为在 2018 年全年共申请 5405 件专利，排名全球首位，比排名第二的日本三菱电机株式会社和排名第三的美国英特尔公司申请的专利总数还要多，一举打破以往美、英、日垄断的局面。在全球 5G 核心必要专利排名中，华为以 1970 件的专利数排名第一，比排名第二的诺基亚多出33%。这些数据的发布，用事实证明了为什么华为能成为全球通信领域技术的引领者。在当前 5G 领域，华为是技术实力最雄厚的公

司。华为首席执行官任正非曾骄傲地说:"华为的 5G 技术至少比其他公司领先了两三年。"也正因为如此,才让美国害怕。

无论是华为起家的电信业务还是后期发力的手机产品,其成功均离不开一件事:技术研发。华为每年坚持拿出不低于销售收入的 10% 投入到技术研发领域,不断加大自主芯片研发力度。在美国发出技术禁令后,华为海思总裁何庭波在给员工的内部信中这样写道:"公司多年前做出了极限生存的假设,预计有一天,所有美国的先进芯片和技术将不可获得,而华为为了这个以为永远不会发生的假设,数千海思儿女,走上了科技史上最为悲壮的长征,为公司的生存打造'备胎'。"一以贯之的创新创造能力、未雨绸缪的前瞻思考,是华为在至暗时刻的最大底气。

芯片开发是一项高精尖科技,技术难度大,研发周期长。每前进一个 nm(纳米),芯片设计、制造和测试的难度都成倍增加。研发投入超过 3 亿美金、超过 5000 次工程验证、超过 36 个月的研发时间、超过 1000 位高级半导体专家——这就是华为 2018 年拿下世界第一颗 7nm 手机芯片麒麟 980 的代价。2019 年华为正式公开了自己全新 7nm 芯片麒麟 810。麒麟 980 和麒麟 810 是华为 7nm 芯片双雄,它们让华为在 7nm 芯片领域的影响力远远超过高通公司和苹果公司,成为全球唯一一家同时具备两款 7nm 芯片的科技公司。

尼采有一句名言:凡杀不死我的,必将使我更强大。这句话用在今天的华为身上,再合适不过。华为从一个小公司到国际巨头公司的成长历程是中国科技企业从弱小到在国际舞台上大展身手的一个缩影。任正非表示愿意将华为所有 5G 技术公平、无歧视地授权给美国公司,甚至芯片设计也可以授权。"因为我们有信心能跑赢,所以我们就有信心开放"。华为不仅为国内的数亿用户提供了最先进的通信服务，同时也以开放的姿态在向全世界输出中国新兴科技的力量。"把数字世界带给每个人、每个家庭、每个组织，构建万物互联的智能世界"——这是华为所肩负的神圣使命，也是华为对未来发展勾勒的一幅愿景图。科技无国界，华为为全世界人民服务赢得了全球的尊重。

奋斗成就伟业，梦想凝聚力量。以邓稼先、黄旭华、屠呦呦为代表的中国科学家和以华为为代表的中国企业抵得住诱惑、耐得住寂寞、坐得住冷板凳，实属不易。在他们的身上，不仅有熠熠生辉的科学成就，更有打动人心的人格魅力和科研精神，他们诠释着中国科学家和中国企业"心中有国家、造福无国界"的大爱情怀。这样的科学家和企业堪称"中华之光"。

创 新

当你掏出手机，扫一扫二维码就可以为自己购买的商品付账；当你打开手机App（应用程序）对准书页上的图案，书中的角色立即就可以"跑"出来，在手机屏幕里撒欢；当智能机器人已经会自己乘电梯，忙上忙下地给顾客送餐……

科学技术给生活带来了层出不穷的惊喜，科学技术的"第一生产力"地位也深深地根植在人们心中。人们对1956年周恩来总理铿锵有力地说出的那句质朴无华的话——"向科学进军"，生出了无限的敬意。那之后的数十载里，"向科学进军"成为中国大力发展科学技术最坚定的号召，激励着各行各业的人才为了祖国的科技事业挥洒青春，奋斗不息。

今时今日，即便是每天置身于庸常的日子里，也时刻能感受到科学技术深深嵌入社会生产方式和人们生活方式所带来的变化。天上飞着无人机，地上跑着无人驾驶汽车，连普通飞机和汽车都装上了"眼睛"和"大脑"，能自己实时感知环境信息。人们享受着世界领先的多种速度所带来的便捷，直面奔向万物互联的人工智能、云计算、大数据、5G……

放眼世界，科技领域的竞争从来都是一个不见硝烟的

第二辑 圆梦工程

战场。一国的科技强大，国力自然强盛。获取发展制高点，构筑核心竞争力，科技的不断创新能给国家进步、文明发展带来无限的可能。党的十八大以来，以习近平同志为核心的党中央提出"把科技创新摆在国家发展全局的核心位置"并且对建设科技强国提出了明确要求。我们将踏上全面建设社会主义现代化国家的新征程，坚持走有中国特色的自主创新之路，提高综合国力，以全球视野塑造更富时代性的现代中国。

5G：让未来拥有无限可能

人类社会诞生以来，人们总在如何高效传递信息这个问题上不断追索。

当纸张走入千门万户，结绳记事、口耳相传就渐渐尘封在了人类的历史记忆里。当活字印刷术解决了记录者的复制难题，人类的传播历史也开启了一扇新的大门。

今天，互联网技术把偌大的地球连接成一个村落，电脑成为办公室、家庭必不可少的设备，足不出户却即刻能知天下事压根就不是传说。人们只要动动手指就能发送和接收 E-mail、文图信息和视频，提笔写信倒变成了一桩"奢侈"的事儿。要不是信道带宽和速率的限制，以手机、平板电脑为代表的移动设备真要"霸占"人们的眼球和绝大部分闲暇时间了。

可是很快，第五代移动通信技术（简称 5G）就告诉你：高数据速率来啦，它带给你的未来远超乎你的想象！

2018 年 12 月 5 日，第一辆 5G 公交车从造型炫酷的成都二环 BRT 站点平稳安静地驶出。在时速 40 千米的公交车上，5G 网络实时峰值速率达到了 2375mbps（传输速率单位），短短几秒内就能实现一部蓝光电影的下载。紧接着，2019 年 1 月 5 日，全国首个 5G 地铁站也在成都开通了。

在构建全球 5G 产业的过程中，中国企业发挥着十分重要的作用。5G 标准是全球产业界共同参与制定的统一国际标准，截至 2019

年5月，在全球20多家企业的5G标准必要专利声明中，中国企业占比超过30%，位居世界首位。

2019年6月6日，我国工业和信息化部正式向中国电信集团有限公司、中国移动通信集团有限公司、中国联合网络通信集团有限公司、中国广播电视网络有限公司4家企业颁发了5G牌照，准许它们经营"第五代数字蜂窝移动通信业务"。

为什么世界各国都争相发展5G？既然被誉为"最新一代"，5G定然是要比3G、4G更高级的。5G的3大主要应用场景是增强移动宽带（eMBB）、海量机器通信（mMTC）和高可靠低时延通信（URLLC）。5G具有数据速率超高，容量更大，延迟更少，能节省能源、降低成本，可连接大规模设备等许多优势，它赋予未来无数可能性，也扩展了人们对于未来生活的想象边界。

对于普通老百姓来说，5G就是"更高、更大、更快"的代名词——频率更高、带宽更大、速度更快。能随时观看超高清视频，这将是5G带给老百姓的基础福利。人们在日常工作和生活中都会与大流量移动宽带发生关联，比如可以进行远程医疗的移动医疗车、互联网医院可以让医生远在千里之外也能给病人治病。随着物联网的建立，VR（虚拟现实技术）、AR（增强现实技术）终端和智慧城市、智能家居等产品都会加入到5G技术应用的大家庭中来。而像工业自动化、无人驾驶等需要降低数据传输和反应时间的技术发展，尤其需要5G的低时延、高可靠服务，全面提高运行的安全性。

可以"饲养"的智能机器人

地球上冒出的古怪新职业,你听说过几个?未来某一天,你愿意去应聘机器人饲养员岗位吗?这事真让人有点难以置信——机器人可是一出厂就被设定好了程序,怎么会需要饲养呢?来自阿里巴巴集团的智能客服机器人告诉你:本机器人宝宝正是需要"喂养"才能"长大"的智能客服机器人。

智能客服机器人"吃"的是各种各样的商品数据,比如尺码、面料、板型等。数据库充实之后,一旦有顾客在线询问尺码,智能客服机器人能立马回复,而且准确率高达 90%~95%。可是,"喂"给它的数据,它真能懂吗?比如女士们非常关心要买的衣服会不会掉色,为了让机器人学到真正能为用户解决问题的本领,机器人饲养员得从这一个问题发散开来,琢磨出二三十个类似问题,比如"掉色吗""下水是不是会脱色"等,有时甚至多达 200 个问题,从而帮助机器人搭建成长模型。

别以为智能机器人只会抢人类的饭碗,其实它也催生出新的职业,机器人饲养员不就是其中的代表吗?职业新可不意味着要求低,要想把机器人宝宝培养成学霸,机器人饲养员必须得是一个有钻研精神的专业人士。现在在杭州,机器人饲养员已经被纳入专项能力考核项目,获得高级专项能力认证的机器人饲养员能享受到多项政策福利。

全球智能机器人市场的重心正在从欧美地区转向亚太地区,预计 2020 年亚太地区就将取代欧洲成为全球最大的市场,而中国目前已经成为全球最大的机器人应用市场。据统计,2017 年全球机器人市场规模达到 232 亿美元,2012 年~2017 年的平均增长率接近

17%；而中国的市场规模达到 62.8 亿美元，2012 年～2017 年的平均增长率达到 28%。

智能机器人产业建立在人机交互及识别模块、环境感知模块、运动控制模块 3 大核心技术模块上。它的技术发展关涉机械控制、自动化、计算机、生命科学等多个方面，不同学科之间相互交融、促进才能更快地发展机器人产业。

智能机器人是先进制造业的关键支撑装备，也是衡量国家和地区科技实力的重要标志。我国工业机器人市场规模从 2013 年起一直稳居世界第一，2016 年中国市场机器人供应量达到 87000 台，是位居全球第二的韩国的两倍。2016 年我国发布《机器人产业发展规划》，一系列扶持政策不断落地，为智能机器人产业的发展创造了得天独厚的条件。目前，我国的智能机器人产业主要集中在珠三角地区，深圳、广州、东莞、顺德等地的机器人产业发展已经走在全国前列。

借助人工智能技术、云计算等，中国正在从机器人应用大国向创新大国迈进，机器人技术创新主要围绕着人机协作和仿生结构而展开。除了工业机器人，我国对服务机器人和特种机器人也有着较为旺盛的市场需求，增长速度分别达到了 25% 和 15% 以上。当然，这与我国目前的社会特点是分不开的，在老龄人口增多、居民可支配收入增加等因素的刺激下，在智能机器人技术日臻完善的前提下，将会有越来越多的服务机器人和特种机器人走入寻常百姓的生活。

飞吧，无人机

星儿点点的夜空下，无人机闪着警示灯忽高忽低，时而在人们

头顶盘旋,看起来真的很酷。现在,只要一说起无人机,很多人脑海里第一时间就冒出两个字——"大疆"。这个来自深圳的无人航拍飞行器品牌,凭借着自己的研发和生产能力,目前在全球消费级无人机市场上的占有率高达70%。它的主流无人机型具备全向感知与避障系统,应用了红外感知系统、目视感知系统及毫米雷达波等多种技术。看,没有人全程驾驶、应对各种任务需要和突发状况等,无人机就得依赖一系列高科技。未来,大疆无人机在空中遇上其他飞行器还可以"打招呼"——进行信息交互。

可是,航拍从来就不是无人机的全部。

因为轻巧、不搭载人员,因为通常采用的是遥控、导引或者自动驾驶等方式进行控制,无人机能去往更多、更艰苦的工作环境。在植被复杂的自然保护区里,无人机就是"森林警察",巡护森林,制止非法砍伐、侵占林地、偷猎等行为,同时加强预防森林火灾;在无边田野上,植物保护无人机喷洒药剂、种子等,作业需要的劳动力少,作业所需的成本低,不破坏土壤的物理结构,不影响作物后期生长;在城市里,无人机是"空中交通警察",可以管理路面车辆,疏导交通;还能帮国土资源管理部门进行航拍测绘、地质勘查、能源探勘;帮建筑师进行规划和辅助工程建设;帮助救援队进行灾后搜救……无人机在许多领域都能大展拳脚,发展潜力巨大。

2019年4月26日,中国第一架大型双发长航时无人机CU42首飞成功。这是中国电子科技集团自主研发的新型无人机,CU42最大起飞重量达2吨,可携带150千克的载荷持续飞行24小时。它能全自主起降与飞行,数据链空地协同,航线自主规划,用户可以根据实际任务需求,在无人机上灵活加装SAR雷达、高清相机、多光谱相机等各种载荷,执行空中侦察、地理测绘、环保监测等任务。

CU42 具有续航时间长、搭载能力强、安全可靠等优点。设计师们为 CU42 设计了收放式起落架，大大减少了它的飞行阻力，确保无人机最大飞行高度能达 6000 多米，速度可达 400 千米每小时。

目前，我国从事无人机行业的企业有 300 多家，其中规模比较大的企业有 160 家左右，已经形成了配套齐全的研发、制造、销售和服务体系。除了能跨界整合多种高精尖技术，无人机产业对我国的航空产业也能起到拉动作用，带动我国航空产业的配套进步，包括设计、注塑、模具、五金、电子等相关行业的产业链发展都能得到相应的提升。

随着人工智能、5G 等技术的发展，无人机一定会越来越智能化。据行业预测，2020 年中国无人机年销量将达到 29 万架，未来几年将保持 50% 以上的增长趋势，而到了 2025 年中国无人机市场规模将突破 750 亿元。

地铁的新"外衣"

2018 年 1 月 7 日，中国的地铁有了一件贴着"中国制造"标签的新"外衣"——全碳纤维复合材料地铁车体。即便是告诉你，这是中国具有完全自主知识产权、世界第一的产品，也丝毫不会让人感受到这件新"外衣"有什么与众不同之处。这么说吧，这件新"外衣"是用"黑色黄金"制作而成的，"黑色黄金"就是碳纤维，因为在新材料界性能优异，表现突出，所以被广泛应用于国防、交通、航空航天、风电等领域。

穿上这件新"外衣"，地铁的"体重"能减轻 1/3，一来减少了

车体对线路的磨损，二来可以有效地提高地铁的运载能力，三来还可以降低能耗和地铁的运行成本。换了一种材料，就能带来这么多好处。

材料是制造业的基础，而新材料是高科技产业和国民经济发展的重要支撑，被誉为"国家科技进步的基石"。2010年，新材料产业被列入我国7大战略性新兴产业之一。我国一直在拓展新材料领域的技术研究，目前我国在稀土功能材料、先进储能材料、光伏材料、有机硅、超硬材料等领域的产能已经居于世界前列；在超材料、超导材料、石墨烯、液态金属等前沿领域的新材料研制方面，我国也取得了一系列重要进展。到2020年，中国新材料产业总值预计将超过6万亿元。

当3D打印已经频繁服务于航空航天、军用装备、汽车、医疗等领域时，科研领域已经在密切关注4D打印技术。4D打印是一种可以通过设计使构件的形状或性能在时间和空间维度上产生可控变化的增材制造技术。跟3D打印技术比起来，4D打印简直就是个"升级版"，它加入了智能材料、智能结构，能够感知环境刺激，并且进行分析、判断、处理，从而进行一定响应，比如光照、浸水，在这些外界环境条件的刺激下，4D打印出的材料发生了可控形变。研究者们看好4D打印技术，认为它可以广泛应用在药物释放、靶向输药等生物医疗方面。

在不久的将来，人们可以开着新能源动力汽车上下班，你甚至可以骑着有碳纤维框架的智能太阳能电动自行车上街。未来的自行车利用薄膜太阳能技术为其充电，拥有智能控制车速、回收车辆剩余动能等多种酷炫的新功能。这就是新材料将带给人们的奇妙生活，而未来的新材料也必将具备低碳、绿色、可再生循环等环境友好特征。

2017年我国发布的《新材料产业发展指南》提出，到2020年，先进基础材料总体实现稳定供给，关键战略材料综合保障能力超过70%，前沿新材料取得一批核心技术专利，部分品种实现量产。到目前，我国已建设了48个新材料领域的相关基地，在北京、天津、深圳、宁波等地区初步形成了新材料产业集群。

虽然我国在新材料方面不缺原创技术，部分领域更是迈入了世界先进水平，但是要让一系列科技成果走出实验室进行转化，并且进行高水平、高质量的产业化发展，这仍然是需要广大科技工作者花大力气研究的课题。我们青少年今天更是要好好学知识、长本领，为祖国的科技实业发展贡献力量。

速 度

如果你还不知道什么叫作"中国速度",那么请看看下面这组数据:

梁建英主持研制的 CRH380A 高速动车组运营试验最高时速达到了 486.1 千米。

林鸣带领团队仅用一天时间就实现了港珠澳大桥最后一节沉管的贯通。

"神威·太湖之光"超级计算机峰值运算速度可达 12.5 亿亿次/秒。

杭州"的哥"袁海宝仅用 5 秒就完成了一次出租车车费的结算。

……

这一切真实地发生在我们身边。今天的中国,在社会的每一个角落都演绎着不同的"中国速度",每一个领域里都有这样那样的"传奇"。一个越来越高效的中国,正活跃在世界舞台上。

行驶速度，让距离不再遥远

"节物风光不相待，桑田碧海须臾改。"

1978年，中国的铁路运营里程仅5.17万千米；至2018年，中国铁路运营里程突破13万千米，其中高铁运营里程超2.9万千米，约占世界高铁运营总里程的2/3，稳居世界第一。从时速40千米到时速350千米，从绿皮车到"复兴号"，中国铁路跑出了让世界瞩目的"中国速度"，"复兴号"更被形容为"贴地飞行"。短短40年的时间，中国的交通事业发生了翻天覆地的变化。

中国高铁起步晚，底子薄，曾几何时，没有人看好中国高铁，甚至认为中国大规模建高铁无异于天方夜谭。但如今，中国已经成为世界上高速铁路建设运营规模最大、技术最全面、管理经验最丰富的国家。

而有一个人，从1995年参加工作以来，她历经了中国高铁从无到有的不同发展阶段，更成为让中国高铁享誉世界的幕后功臣，她就是中国高铁装备行业唯一的女总工程师——梁建英。

2010年12月3日，由梁建英主持研制的CRH380A高速动车组在京沪高铁先导段试验，力图冲刺世界铁路运营试验新纪录。当时，梁建英和她的团队各就各位、各司其职。她的位置就在高铁的机械监控室里。梁建英一只手死死地攥着对讲机，另一只手紧紧地握着拳头。她目不转睛地盯着显示屏，看着动车组速度的变化……460、465、470、475、480，最后数字定格在486.1上。CRH380A高速动

车组以时速486.1千米刷新了世界铁路运营试验的最高速纪录。

CRH380A高速动车组,就是我们现在耳熟能详的"和谐号",被誉为中国高端装备自主创新的典范产品,是中国高铁的"金名片"。

2013年,"复兴号"中国标准动车组项目启动,这也开启了中国高铁的新征程。梁建英再次披挂上阵,担任"复兴号"研发的领军人。这一次,梁建英带领团队要在"复兴号"的方便运用、节能降耗、降低全寿命周期成本等方面实现全面升级。

2015年6月,"复兴号"样车下线后,开始进行线路试验。梁建英带领团队进行跟车试验,从中国铁道科学研究院环形试验基地到大同线、哈大线、郑徐线,他们的足迹遍布全国各地。

有一次,梁建英带领技术团队到兰州"百里风区"做列车抗风沙试验,在高达12级风的特殊环境下验证列车是否会出现倾斜,一边采集数据一边现场分析列车在此种情况下该停车还是该提速。那天,梁建英不停地在整列车厢里来回走动,体验车辆的舒适度,她不时地提醒已经完成任务的同事赶紧休息,自己却一直走动到次日凌晨3点。

那段日子,研发团队白天跟车试验10多个小时,晚上还要整理当天的试验数据,制定第二天的试验方案,每天的休息时间不超过4个小时。进行试验时的天气条件也是很恶劣的,最热时,车厢内温度高达50摄氏度;而最冷的时候,试验现场最低温度到了零下20多摄氏度。

但是,梁建英带领的研发团队没有退缩。整整一年半的时间,研发团队一共做了2300多项线路试验,跟车试验里程超过61万千米,相当于绕着地球赤道跑了15圈。

在研制"复兴号"的1000多个日夜里,梁建英几乎每天"早八晚九",没有节假日是工作的常态。忙起来根本没有精力照顾家庭,

第二辑 圆梦工程

在研发最紧要的时候,梁建英连陪女儿吃顿饭的请求也不能满足。

功夫不负有心人,5年的艰苦攻关,换来"复兴号"惊艳问世。无论是运营速度,还是在安全性、舒适性、节能降耗等主要技术指标上,"复兴号"在全球都首屈一指。

2017年,"复兴号"正式投入运营,并于9月在京沪高铁以350千米的时速运营。乘坐"复兴号"高铁从上海到北京最快只需要4小时18分钟。"复兴号"跑出最高商业运营速度,是全球高铁的里程碑。

登上最美铁路,领略大美风光,车轮滚动出一幅崭新的中国画卷。海南环岛高铁,是列车与大海的美丽邂逅。兰新高铁尽览雪山草场映衬下的西部风情。哈大高铁,中国最北端的"极地特快"。京津高铁,

成就30分钟城市圈。京港高铁，8小时甚至可以体验四季变换。

高铁时代，人们早晨可以在上海吃小笼包，中午就可在北京吃全聚德烤鸭；早上在广州喝早茶，中午到长沙吃臭豆腐、红烧肉，晚上还能到武汉品尝武昌鱼。高铁让人们的出行变得更加便利。从前，谁会想到，"中国速度"能够引领世界，曾经的"天方夜谭"现在已经照进了现实，是何等的令人热血澎湃。

从青藏高原到东海之滨，从茫茫雪原到天涯海角，更多的"复兴号"将穿过城市乡村、跨越田野阡陌，中国将建成世界上最完整的高铁网络。到2020年，中国高速铁路规模将达3万千米，覆盖80%以上的大城市。未来5至10年，我国将实现相邻大中城市间1至4小时交通圈、城市群内0.5至2小时交通圈，铁路交通基本覆盖县级以上行政区。沿线城镇人口稠密、经济比较发达、贯通特大城市的铁路可采用时速350千米的标准。到2030年，一个八纵八横，总规模约4.5万千米的高速铁路网，将彰显中国铁路建设的新骄傲。

作为经济发展的基础，打通交通大动脉至关重要。十九大报告中提出要建设交通强国，这为未来一段时间的交通建设奠定了总的基调，中国正站在交通大国这个新的起跑线上，不断"脉动"，迈向交通强国。

基建速度，发生在身边的传奇

2018年元旦那天，港珠澳大桥全线亮灯迎新年。全线55千米的夜景照明，惊艳了世界。从夜空中俯瞰，大桥仿佛是横跨伶仃洋的一条玉带。

港珠澳大桥东接香港，西接珠海和澳门，是世界上总体跨度最长、钢结构桥体最长、海底沉管隧道最长的跨海大桥，也是公路建设史上技术最复杂、施工难度最大、工程规模最庞大的桥梁，可谓名副其实的超级工程。

港珠澳大桥由桥梁、人工岛和隧道3部分组成。项目中，海上人工岛和海底沉管隧道是整个工程中实施难度最大的部分。在海中建设人工岛，传统办法是抛石填海、围堤筑岛，然而这一办法对港珠澳大桥却不适用。作为这样一项世纪工程的岛隧总工程师，林鸣提出了前无古人的方案——"超大直径钢圆筒围成人工岛"：先在工厂里预制出重500多吨的巨型钢圆筒，然后运至海上，用大型机械将其"钉"进海底，形成人工岛围护结构。

2011年5月15日，随着液压振动锤传来的轰鸣，直径22.5米、高40.5米的首个钢圆筒沉入水底，插入泥中21米，垂直度偏差小于1/500，港珠澳大桥岛隧工程首个世界超大直径、超深埋深、超大体量钢圆筒顺利振沉，揭开了西人工岛岛壁结构施工序幕。9月11日，西人工岛最后一个钢圆筒振沉入海，垂直偏差小于1/600；同年12月21日，东人工岛最后一个钢圆筒稳稳"定"入水中。

短短221天，120个巨型钢圆筒在伶仃洋海面围成了两个海上"小长城"。"当年开工、当年成岛"的中国速度，创造了人工岛建设史上的奇迹。

而港珠澳大桥工程的另一大难点是外海沉管隧道。5664米的深埋沉管是目前世界上最长的公路沉管隧道和世界上唯一的深埋沉管隧道，是公认的"当今世界上最具挑战性的工程"。沉管隧道建造历史仅有100多年，全球数量总共不到200个。在港珠澳大桥之前，全中国的沉管隧道工程长度加起来不到4千米，而且港珠澳大桥是

我国第一次在外海环境下建沉管隧道,必须一切从零开始。

为准备这项工程,林鸣带着工程师去考察韩国的巨加跨海大桥。这座桥的安装工作完全依靠欧洲的技术支持。当林鸣满怀期待地向接待方提出,可否看一看他们的装备时,对方拒绝了。他们只允许考察团在距离300米左右的海面上,开着船远远地看几眼。

这件事深深刺痛着林鸣,不服输的他又开始将视线转移到欧洲国家。经过百般打听,林鸣找到一家世界顶级公司,可对方开出约合15亿人民币的天价,远远高出我方预算,合作难以谈成。最后一次谈判时,林鸣让谈判员和对方说:"你给他们说一个价,3亿人民币。3个亿,一个框架,能不能提供给我们最重要的、风险最大的那部分的支持。"结果对方的高管说:"我给你们唱首祈祷歌!"

林鸣团队被"逼"上了自主攻关之路。可在几乎空白的基础上进行自主研发，林鸣和他的团队面对的是常人难以想象的困难：需要将33节，每个标准管节重7.4万吨、长180米、宽38米、高11.4米的钢筋混凝土管，在伶仃洋水下50米深处，对接精度必须控制在毫米级别，安装出一条海底通道。这一项工程的技术难度，堪比"海底穿针"。林鸣给33节沉管标上了序号，从E1到E33。在林鸣眼里，33节沉管就像他的孩子。

2013年5月6日，港珠澳大桥的外海深埋沉管隧道施工迎来了历史性时刻。"5毫米、4毫米……1毫米，拉合结束！"经过几秒钟的数据确认，现场掌声雷动。上午10时10分，港珠澳大桥海底隧道首节沉管E1安装成功，历经96个小时的鏖战，完成了与西人工岛的"深海初吻"，开创了中国外海沉管隧道建设的先河。

林鸣一颗悬着的心终于放下，但他清楚，第一节的成功并不意味着后面32节的安装都可以简单复制。严苛的外海环境和地质条件，使得施工风险不可预知。每一次都是第一次，每一节都是第一节。

就这样一次又一次，林鸣与建设者们坚持了4年。2017年5月2日，工程进展到安装最后一节沉管。最后一节的接头合龙一直都是外海沉管最困难的部分，仅这项安装一般需要8到10个月时间。但是，经过4年的实践与研究，林鸣和他的团队找到了方法，他们仅用一天时间就实现了最后一节沉管的贯通。

蓝天为卷，碧海为诗；深海白豚，踏浪伶仃。2018年10月24日上午9时，被英国《卫报》誉为"新世界七大奇迹之一"的港珠澳大桥正式通车，香港、珠海、澳门三地间的时空距离得到极大缩短，从香港到珠海、澳门仅需30分钟的车程。基建之速在港珠澳大桥上最终体现的是中国日渐提高的综合实力。

计算速度，从追赶到领跑世界

超级计算机，是世界各国竞相角逐的科技制高点，也是一个国家科技实力的重要标志之一。我国一直高度重视并且支持超级计算系统的研发，但由于基础薄弱、起步较晚，在国际舞台中一直受制于人。

20世纪80年代，中国想从美国进口一台高性能计算机，但美方要求对出口中国的计算机进行监视，即在计算机机房安装监视仪器的同时，机器也要放在单独的玻璃机房里，由他们自己的技术人员操作，不许中国科技人员进去。在中国的土地上，中国人居然要被外国人用技术隔绝在一所玻璃房子之外，这深深刺痛了中国的科研工作者的心。

1978年3月，党中央正式决定研制巨型计算机，以解决我国现代化建设中的大型科学计算问题。主持会议的邓小平强调："中国要搞四个现代化，不能没有巨型机！"他点名要国防科技大学承担研制任务。

时任计算机研究所所长的慈云桂教授，带领科研人员打响了中国计算机史上一次最为艰苦的战役。当时，中国技术落后、资料匮乏，研制之路困难重重。但在困难面前，科研团队始终只有一个信念，就是全力以赴造出中国人自己的巨型计算机。大家把它叫"争气机"，就是要争一口气，不让"玻璃房子"再出现在我们的国土上！

5年后，1983年12月，在慈云桂教授的主持下，中国第一台亿次计算机——"银河-1号"巨型计算机在长沙研制成功。它的诞生，使中国成为继美国、日本之后第三个能独立设计和研制超级计算机的国家。

此后，中国的科学家一直扎根在超算领域，先后研发出"天河一号"、曙光"星云"和"神威蓝光"等多台超级计算机。2016年6月20日，"神威·太湖之光"超级计算机登上全球超级计算机500强榜单之首。

"神威·太湖之光"超级计算机的峰值性能可达到12.5亿亿次/秒，持续性能为9.3亿亿次/秒，成为世界上首台运算速度超过10亿亿次的超级计算机。简单来说，"神威·太湖之光"超级计算机1分钟的计算能力，相当于全球72亿人同时用计算器不间断计算32年；如果用2016年生产的主流笔记本电脑或个人台式机作参照，"神威·太湖之光"相当于200多万台普通电脑。

超级计算机最大的特点就是和时间赛跑，利用其快速的运算能力，通过数据分析帮助各行各业的研究机构，缩短他们的研发过程。比如说气象预报是超级计算机主要的用途之一，下不下雨关键看云层运动，有了超级计算机后，就可对云层运动的区域范围、轨迹等进行精确模拟与观测。2011年"天河一号"的观测精度为10万千米，"神威蓝光"的观测精度为1万千米，而"神威·太湖之光"把观测精度缩短在9千米以下。除了天气预报，依靠自身的优异性能，"神威·太湖之光"可以在评估环境、医疗、社会交往等多方面发挥巨大作用。

量子计算是基于量子力学的全新应用领域，量子计算的速度可以是目前计算速度的万倍、亿倍。如果把经典计算机比成一种单一乐器，那么量子计算机就像一个交响乐团，一次运算可以处理多种不同状况。有研究表明，50个左右光量子纠缠就能让量子模拟机的计算能力超越"天河二号"超级计算机。

我国在量子计算领域起步虽然没有西方早，但是我国具有集中

力量干大事的优势,在西方提出理念还没有真正开始攻关的阶段,我国已经开始大力研究。以潘建伟为代表的中国科技大学团队、浙江大学王浩华团队,还有科学家郭光灿、郭国平、朱晓波等都是量子计算领域的资深专家,正是他们的积极努力让我国在量子计算领域取得了世界领先地位。

量子比特数是衡量量子计算机性能的重要指标之一。2019年,中国已经研制出包含24个比特的高性能超导量子处理器,在研制量子计算机的道路上又迈出重要一步。

通信速度,颠覆传统生活体验

60年前,传送消息靠人工带信;40年前,邮政送信可能要翻越雪山,一封信可能半个月能收到,也可能半年才收到;30年前,惜字如金编电报;25年前,BP机成为有钱人的标志;20年前,手机开始进入寻常百姓家。如今,从城镇到乡村,手机已成为人们生活中不可缺少的一部分,特别是十八大以来,移动通信业的迅猛发展,拉近了人们之间的距离,提高了沟通效率,更颠覆了人们的传统生活体验。

作为移动互联网技术的产物,移动支付快速扩展着自己的市场,已经成为人们普遍接受的新的支付手段和新的消费方式。

浙江杭州的出租车司机袁海宝因为最早使用支付宝收车费,而被人们称为"最潮的哥"。

2012年10月23日,"的哥"袁海宝第一次使用支付宝收费的灵感,来自一位从事IT业的乘客。这是他的一位熟客,行程是从西湖到萧山机场,路途比较远。他们一路上聊着天,当聊到付款时,袁海宝表示："打车费找零挺麻烦的，最怕客人拿出百元大钞付 10 多元的车费。找零的时间长，而且常常车上没备那么多零钱。"当乘客问他有没有试过用支付宝时，袁海宝立刻觉得这是个好办法。等车开到目的地，袁海宝把自己的支付宝账号告诉了乘客，乘客使用支付宝付账。不到 3 秒钟，他的手机就收到了钱到账的短信。回到家后，袁海宝一直在琢磨这件事，他兴奋地把自己的经历发到微博，还总结了用支付宝收取车费的好处：以前，车上放着收取的大量现金，很不安全，还要定期把车里的现金存到银行，找零钱也一直都是困扰出租车司机的一个麻烦，这一下，都解决了。

之后的 10 多天，袁海宝做了 20 多笔支付宝结算车费的业务，他的朋友们也纷纷效仿，还有不少外地"的哥"在微博、微信上向袁海宝请教怎么注册账号，如何支付。

2012 年 11 月 17 日，袁海宝应邀参加"2012 中国首届支付技术峰会"。他的发言令在场的人们大为惊叹："我算过了，下车时要等待 5 秒钟打发票，这个时间，刚好支付宝收款完毕。"很多人都没有想到，杭州的出租车司机这么快就将移动支付掌握得如此娴熟。

如今，在便利店、超市、餐厅和商场里，人们随时随地都会拿出手机进行支付，移动支付已经能够解决衣食住行几乎所有的付款需求。这种因为移动通信技术的飞速发展而出现的全新消费方式，已经成为人们生活中不可或缺的一部分。

截至 2018 年年底，我国光缆总长度达 4358 万千米，4G 网络覆盖持续扩大，4G 用户总数达到 11.7 亿户，全年净增 1.69 亿户。

如果说 4G 改变的是生活，那么正在袭来的 5G 热潮或许将会改变社会。而中国，必然不会缺席这场盛宴。目前，我国在 5G 标准研究上已居全球主导地位。

从我们八九十年代乘坐绿皮车，到21世纪CRH动车组列车开启中国铁路的高速牵引时代，再到今天中国成为高铁先进技术的世界领跑者，没有哪个词比"复兴"更能代表国人的喜悦。

一个走向复兴的中国给人们带来了什么？中国高铁的故事，讲述的是追求速度的执着；港珠澳大桥的奇迹，传递的是攻坚克难的信心；超算领域的坚定向前，体现的是逐步增强的综合国力；通信领域的迭代更新，带来的是对传统生活方式的颠覆。

新中国成立70年来，从无到有、从小到大、从弱到强，我们的祖国和人民创造出惊人的中国速度，铸就了辉煌的中国传奇。我们完全有理由相信，随着我国各方面的高速发展，中华民族伟大复兴的中国梦，将大写在大地上、蓝天上以及亿万人民群众的骄傲和自豪里。

第二辑　圆梦工程

希 望

　　希望工程是由团中央、中国青少年发展基金会发起倡导并组织实施的一项社会公益事业，其宗旨是集社会之力，资助贫困地区失学儿童重返校园，建立希望小学，改善农村办学条件。大眼睛女孩苏明娟的命运就和希望工程紧紧联系在一起。

　　在汶川地震中，中国人民万众一心，相互扶持，彼此温暖，在废墟上升腾起希望，在灾难中萌生出力量，在毁灭中见证重生。

　　国家出台的农村义务教育学生营养改善计划，让孩子们在学校吃上了安全、健康的营养餐。一项项教育扶持政策从无到有，从有到优，和希望工程一起，极大地促进了教育公平。

　　近年来，我国陆续在义务教育、社会福利和社会保障、公共基础设施建设等方面提供了许多便捷、高效、公平的服务，极大地改善了人民的生活质量，点亮了灾后重建家庭、农村家庭的希望和梦想，暖了全国人民的心，使人民拥有了更多的幸福感和安全感。

　　党的十九大报告指出："党的一切工作必须以最广大人民根本利益为最高标准。我们要坚持把人民群众的小事当

作自己的大事,从人民群众关心的事情做起,从让人民群众满意的事情做起,带领人民不断创造美好生活!"

我们,相信!

第二辑　圆梦工程

"大眼睛"的希望

1989年，河北省涞源县桃木疙瘩村的11名学龄儿童被确定为第一批受救助者。10月，11名失学儿童热泪盈眶地接过了"资助就读证"，重返校园。经过团中央相关同志的建议和反复论证，一项被命名为"希望工程"的活动正式推出，面向海内外募捐并在全国贫困地区组织实施。然而，仅有资金援助还是远远不够的，破旧的教室、稀缺的纸和笔映射出了贫困地区的孩子艰难的求学环境。在这样的情况下，援建希望小学，为孩子们提供基础的学习条件，成为希望工程又一项迫在眉睫的任务。

1990年5月19日是一个值得铭记的美丽日子，团中央和中国青少年发展基金会在经过了多次考察和座谈后，决定在大别山深处的金寨县南溪镇建立中国第一所希望小学。从此，在这个青山翠岭环抱的偏僻山乡，飘扬起鲜艳的国旗，挂起了耀眼的"希望小学"的校牌，欣喜的孩子们背着书包走进了真正属于自己的学校。

1991年的一天，天蒙蒙亮，炊烟从很远的山那边升起来，8岁的苏明娟和她的同学像往常一样走在去学校的路上。苏明娟挎着妈妈为她缝制的小书包，手里拎着一个用来取暖的炭炉。

她上课的教室是旧时的土地庙，年久失修，别说窗户，连土墙都残缺不全，如果没有炭炉，她的手就会被冻僵。即使这样，上学对这几个孩子来说，也是一件最快乐的事。

上课铃响了，苏明娟把炭炉搁在右边的小木凳上，暖了暖手之

我和我的祖国
WO HE WO DE ZUGUO

第二辑 圆梦工程

后，拿出了书本和只剩下一小截的铅笔。这时，她看见几个人走了进来，其中一个人还拿着一个她从来没有见过的奇怪的机器。

苏明娟的大眼睛总是好奇地追随着那个奇怪的机器，它一会对准黑板，一会对准老师，一会对准其他同学……

很多年以后，苏明娟才知道那个奇怪的机器是照相机，而那个拿着照相机的人是《中国青年报》的摄影记者解海龙。他是特地到金寨县采访拍摄希望工程的进展情况的。那天，他用自己的相机捕捉到一双仿佛会说话的大眼睛，纯真、好奇、求知……

《我要读书》的照片发表后，被国内各大报纸杂志争相转载，很快系住了全国各地无数颗善良的心。苏明娟那双明亮的大眼睛，曾经刺痛过亿万中国人的心灵，人们从这双眼睛中读出了贫困地区面临的教育困境，读出了所有失学儿童的无助与渴望。

饱含着爱与关怀的书信从四面八方飞到苏明娟面前。"大眼睛"成了中国希望工程的形象代表，表达着所有贫困但不愿放弃求学的孩子内心最诚挚的渴望，也凝聚了全国人民呵护祖国未来希望的真心。

苏明娟说："山区消息闭塞，当时我并不知道有这张照片。直到三年后，在湖南军校读书的李万叔叔，将一份刊登这张照片的报纸和一封信寄到我们学校，说要找照片上的人，愿意资助到小学毕业。我才看到这张照片。如果没有希望工程，我可能连高中都上不了。我和数百万贫穷家庭的孩子，都因为希望工程而改变了命运。"

"读中学时，很多好心人都帮助过我，有的小朋友把零花钱寄来了，有的大学生把业余时间的打工钱也寄给了我。"苏明娟心里充满了感激。

天津一名退休老人每年过节都给苏明娟寄糖果和生活用品。一

次，老人给她寄来了 600 元钱，因为已经得到资助，苏明娟在征得老人的同意后，将这笔捐款转给了中国青少年发展基金会，用于资助他人。

"希望工程给我的帮助，不仅仅是物质上的，更多的是精神上的，它让我懂得了爱的意义。"苏明娟说。

苏明娟进入大学后，写信给中国青少年发展基金会，要求把每学期定额发给她的 900 元生活补贴转给其他贫困生。参加工作后，她每年都会花 1000 元资助贫困生。苏明娟说："我们这批受到希望工程资助的孩子是非常幸运的，所以我们必须感恩，并尽自己的能力回馈社会，多做一些好事，帮助其他需要帮助的人。改革开放几十年来，我国社会经济取得了快速发展。如今，家乡的学校基础设施都得到了改善，农村实行免费义务教育，贫困大学生救助体系也在逐步完善，因贫辍学的现象已经大大减少。"

苏明娟深刻感受到社会发生的巨大变化。但是消除贫困依然需要相当长的一段时间，她期望能有越来越多的人关注贫困群体，投身于希望工程这项社会公益事业。她从安徽大学毕业后，进入银行系统工作，一直致力于帮扶贫困生。

虽然，对于全国数以百万计的失学少年来说，真正受到资助的孩子实在是太少了，但是，希望工程的推出，就像星星之火，让人们看到了燎原的希望之光，希望小学也渐渐成为中国贫困乡村一道最亮丽的风景。

与此同时，党和国家领导人也在倾力支持希望工程的推行。1990 年 9 月 5 日，邓小平为希望工程题名。在中国青少年发展基金会的捐赠档案中，还有不少领导同志的名字。

自 1989 年 10 月启动以来，在中国青少年发展基金会及其授权

第二辑 圆梦工程

的各级希望工程实施机构的努力推动下，希望工程得到了社会各界、海内外团体、企业和个人的积极支持和热情参与，取得了令人瞩目的实施成果和综合效益，赢得了党和政府以及全社会的高度评价，已成为我国最具社会影响和享有崇高声誉的民间公益事业。

希望工程的实施，改变了一大批失学儿童的命运，改善了贫困地区的办学条件，唤起了全社会的重教意识，促进了基础教育的发展，弘扬了扶贫济困、助人为乐的优良传统，推动了社会主义精神文明建设。

从1999年开始，中国青少年发展基金会实施了希望工程战略重点的转移，决定不再直接接受救助失学儿童的捐款，转向对优秀受助生的跟踪培养，希望小学由硬件建设为主转向以教师培训、现代化教学设施配置等软件建设为主。

2008年9月1日，中国实现了城乡义务教育学杂费全部免除。在这个日子里，中国两亿多城乡中小学生走进校园，开始了新学期的学习。在这个日子里，孔子在2000多年前提出的"有教无类"的想法变为现实，人人享有接受教育的权利——这个中华民族梦寐以求的目标，终于瓜熟蒂落。

让所有孩子都能上得起学，都能上好学。"希望工程"如春风拂过大地，"春蕾计划"如春雨滋润人心。人民没有忘记这种权利是崇高的，因此教育基金源源不断，学校、图书馆、体育馆拔地而起……星星点点的希望之光如今已燃遍中华大地，映红了孩子们的脸，暖了中国人的心。

灾难中的希望

2008年5月12日，汶川8.0级地震毫无预兆地发生，无数民房倒塌，无数无辜的生灵消逝，汶川成为血泪之地。地震发生两个多小时后，时任国务院总理的温家宝赶赴灾区指导救灾工作；军队全面启动应急机制，不到10小时，1万多名官兵进入灾区展开救援；全国掀起募捐风潮……整个华夏大地上只有一个声音——抗震救灾！

美籍男子约翰在四川生活了10年，与当地人民结下了深厚的情谊。这一次，他去灾区做志愿者，远在美国的亲友问他中国的情况，他说："这里空前团结，中国政府、中国士兵和其他中国人民，很伟大……我在灾区的时候，一位当地的领导在救援时说，很多村民失踪了，一半以上的房子倒塌了。我问他死了多少人，他难过极了。他说，目前还不能准确统计。后来我知道他的父母、妻子还有他的孩子都死于这场灾难，而他却在极度悲痛中继续为幸存者工作着……在这样的毁灭性灾难发生时，这里没有抱怨，只有互帮互助。"

徐平是中央党校的教授。地震发生时，他正在北京给研究生上课，远在汶川的家人让他牵肠挂肚，庆幸的是他们幸免于难。2009年春节，徐平才有机会踏上心惊胆战的回乡之旅。

山河破碎，震中映秀镇成了一片废墟。漩口中学垮塌的教学楼前，放着温家宝总理春节慰问时摆放的花圈，黄色和白色的菊花带着露水，像人们伤心的眼泪。不时有人前来悼念，这里成为映秀的祭台。远处是灾后新建的棚户区，闪着光的屋顶和忙碌的施工场面预示着新的开始。

汶川本就人多地少，灾后，土地大面积减少，老百姓的生计和地方的可持续发展问题更加突出。徐平深知，汶川重建的道路艰难而漫长。

2009年夏天，徐平率团队回汶川调研。当时的汶川一片忙碌，军绿色的救灾大军变成了操着南方口音的广东人。

国家颁布了《汶川地震灾后恢复重建对口支援方案》，提出"一省帮一重灾县，举全国之力，加快恢复重建"。各地纷纷响应，来援助汶川县的正是广东省人民。

徐平自小长大的地方是大山深处的绵虒镇，那是古书里所记载的大禹的故乡。在地震中，绵虒镇被巨石与泥土掩埋。来援助绵虒镇的是300名珠海援建人员。他们飞快地建起了8级抗震的绵虒小学、净水厂……在建市政工程的时候，一座大桥断裂，施工所需要的水泥、地下管线等都没法运送，影响了不少工期。援建人员十分着急，等大桥恢复通车后，加班加点，硬是把时间抢了回来。徐平至今还记得那些援建人员：陈仁福博士，他有着一副大嗓门，工作起来雷厉风行；张工，他在援建中受了伤，一直拄着拐杖奔波在工地上，把援建看作自己人生价值的一次实现；还有一群充满活力的年轻人，他们长期住板房，但不管多劳累，总是乐呵呵的……

绵虒镇的乡亲们见到徐平，都抱着他痛哭。他们有太多痛苦和悲伤，但哭完后说不怕，有党和政府的领导，有全国人民的关心，有广东人民的援助呢。一位叫王志高的老人在老房子的废墟前用自己习惯的羌族山歌，唱出了对地震带来的灾难的感受，以及对党和国家的感恩，直唱得大家泪流满面。

经历了500多个日夜的修复与重建后，绵虒镇迎来了新生。如今的绵虒镇不仅有现代化的校园、明亮宽敞的福利院、庄严威武的大禹祭坛，河边，还有漂亮的珠海渔女雕像，那是凝结着珠海援建方真情的丰碑。

水磨镇也发生了翻天覆地的变化。地震前,水磨镇高耗能、高污染的工厂有60多家,山谷被烟尘笼罩。由于经济落后、环境不佳,很多人都外出打工了。

佛山市在援建水磨镇的过程中,请来国家级建筑大师作为设计顾问,融合当地羌族、藏族、汉族的特色,重建水磨镇。援建方还修整了大夫第、万年台、字库等历史遗存建筑,新建了春风阁、白塔、水磨亭等景点建筑,整个水磨镇焕然一新。2010年,水磨镇被全球人居环境论坛理事会和联合国人居署的《全球最佳范例》杂志评为"全球灾后重建最佳范例"。许多游客前来旅游,不少外出打工的水磨人纷纷回乡创业。

暴雪、地震、洪涝……同自然灾害抗争是人类生存和发展的永恒课题。在直面各种自然灾害的过程中,党和政府带领人民不断从实践中总结经验、完善体系、整合资源、统筹力量,提升防灾抗灾意识,提高减灾救灾能力。虽然灾难给人们带来了伤痛,但也要从灾难中得到成长和突破。

关爱祖国的希望

20年前,王丽在云南一个叫作石头村的地方当老师。那时,孩子们的书包里除了课本和文具,还有一样必备的东西——铝制饭盒。每天一大早,孩子们就起床烧柴煮饭,煮熟后用饭盒装着,加点儿豆腐乳、腌菜、酸辣椒等,匆匆带到学校里当午餐。

学校没有食堂。中午,教室里、走廊上、校园的大树下,到处都是坐着、蹲着或站着吃饭的同学。勺子碰撞饭盒,一片叮叮当当

第二辑 圆梦工程

的声响。不一会儿,冷菜冷饭就被一扫而光。冬天,许多人不到中午就饿了,提前把冷冰冰的午餐吃完,到了下午,只好饿肚子。水龙头边,许多孩子直接用嘴巴接冷水喝,一不小心,就会被呛成一个"红萝卜",惹得旁边的同学哈哈大笑。

石头村里,石头多得数不清。孩子们就像村里的石头,坚硬而顽强。因条件如此窘迫,成才的孩子凤毛麟角。每每看到孩子们天真无邪的笑脸,王丽觉得开怀之余,又有一种心酸和无奈萦绕在心头。

我国有农村学生约1.3亿。有调查数据显示:农村贫困地区学生营养摄入严重不足,12%生长迟缓,72%的寄宿生上课期间觉得饿……他们的健康成长关系到国家的未来、民族的希望。2011年,我国开始实施"农村义务教育学生营养改善计划",以改善农村学生

营养状况,提高农村学生健康水平。

代天久是四川省宜宾市南广镇中心校下辖的一个校区——杉木校区的校长。这个破旧的教学点坐落在海拔1000多米的大山里,只有3个班——49名学生,2名教师——代天久和一名代课老师。学生们用铝制饭盒带饭吃。这里没有公路,学校的教学用具、师生的生活用品,都是代天久用背篓一步一步从山下背上来的。

2012年4月,代天久第一次听说有营养餐领。孩子们以后有牛奶和面包加餐啦?代天久不太相信:哪有这么好的事情呢?直到5月,有关负责人打电话给他,他才确信真有这么一回事,激动地报上学生名单。

但营养餐只能配送到交通方便的乡镇中心校。怎样将营养餐从乡镇中心校送到杉木校区?唯一的办法就是人背。已60岁的代天久决定自己去背。

杉木校区有一条通往山下的盘山小路,长达20多里。为了能在上午第二节下课时将营养餐发到孩子们手中,代天久选择走长满野草的山路。他常常早晨5点就起床,7点多赶到乡镇中心校,背上三四十斤重的营养餐,横渡南广河,再走近2小时的山路……

崎岖的山路上,他常常累得腿发软,衣服被汗水湿透。渴了,他就喝路边的山泉;累了,他就在路边的土坎上歇一歇……他最怕遇到阴雨天,那时,山路变成泥泞的"糍粑路",胶鞋沾上厚厚的泥,重得像铁砣。他深一脚浅一脚地走,好几次一不小心就滚到水田里。

家长们亲切地称他为"代挑夫"。一年多的时间里,几百个迎着星星赶路的日子,他背坏了2个背篓,磨烂了3双胶鞋。他捧起的那股解渴的山泉,他歇过脚的土坎,他鬓间的白发,都记录了这个"挑夫"校长的艰辛与对孩子们的爱……

第二辑 圆梦工程

　　2013年6月27日，孩子们早早地聚在校门口。当代天久佝偻的身影出现在山路上时，孩子们欢呼起来，纷纷跑下去迎接他。这一天，代天久最后一次为孩子们背营养餐。

　　有关部门不断完善乡村小学的营养餐配送机制，修好了一条从乡镇中心校到杉木校区的盘山公路，以后，将有专门的车子送营养餐上山啦！

　　"营养改善计划"远远不止这些，有关部门大力推进食堂建设和食堂供餐模式。从2013年到2015年，宜宾市投入3.79亿元，建设了810个食堂，惠及约12万学生。

　　2014年，杉木校区也建起了干净敞亮的食堂，有专业的师傅每天为孩子们做午餐。新学期的第一餐，有红椒肉丝、番茄炒蛋、炒白菜、热汤，这些来自农村的孩子们吃着可口的饭菜，笑眯眯地说，比家里还好。这热乎乎的饭菜，饱了肚子，暖了人心。

　　代天久早已退休，每次想学生时，就会回学校看看。他在食堂里画了许多宣传画，希望孩子们从小就懂得珍惜粮食。杉木校区的面貌焕然一新。学校告别了手摇铃，有语音打铃系统自动打铃；孩子们每天早上自己升旗，下午降旗，还学会了规范的课间操……看到孩子们在学校快乐地学习，代天久心里十分欣慰。

　　到2018年6月，全国共1631个县实施了"营养改善计划"，3700万学生受益。中国疾病预防控制中心连续4年（2012年至2015年）的跟踪监测表明，试点县中小学生贫血率降低8.9个百分点，学生身体素质有所改善，营养不良问题得到缓解。这一惠民工程受世界瞩目。世界银行、联合国粮食计划署等组织经过实地考察后，给予高度赞扬，认为"在世界范围内，中国农村学生营养改善计划是一项了不起的计划"。

融 合

新中国成立初期,有八千湘女上天山,在芳华岁月里建设祖国边陲;新时代有援疆干部不忘初心,攻坚克难,"疆"爱进行到底。陈瑞芳等一大批援疆女青年以看似柔弱的身躯奋力筑牢民族大融合的长城,舍小家、顾大家,真情付出、无私奉献,把对口援疆工作作为促进民族交往、交流、交融的桥梁与纽带,汇聚了一曲壮丽的民族团结大合唱。

2009年前,贫穷、封闭、山多路陡是浔龙河村的"代名词"。2009年,浔龙河村依托本村特有资源发展生态农业、民俗旅游,启动了浔龙河生态艺术小镇项目建设,经过10年努力,已建成生态宜居的新型社区,成功打造出一个乡村振兴的改革样本——"浔龙河"模式,一举入选2018中国乡村振兴先锋榜提名。

习近平总书记曾说:"要像爱护自己的眼睛一样爱护民族团结,像珍视自己的生命一样珍视民族团结。"民族融合,亲如一家,各民族干部群众团结互助,互通有无,使民族间的情谊更深厚紧密,为边疆经济社会发展注入强劲动力。带着各种乡音的"雪莲花",在天山脚下竞相绽放。

没有农业农村的现代化,就没有国家的现代化。城乡融合,让公共服务向农村覆盖、城市基础建设向农村延伸、

第二辑　圆梦工程

城市现代文明向农村辐射，实现乡村与城市、传统文明与现代文明的巧妙融合。

　　中国正在多方位的融合创新之路上大步迈进，融合创新，携手共同构建美丽中国，带着每个奋斗者的中国梦走向美好未来。

行者无疆　大爱援"疆"

"陈秘书长，你的亲戚阿依古丽晕倒了，已经送到医院了。"

一天下午，湖南省援疆干部、吐鲁番市委副秘书长陈瑞芳正在吐鲁番市里准备参加一个重要会议，手机振动一阵接一阵。她预感到有紧急事项，只好走出会议室。电话是村上的干部打过来的，告诉了她这个消息。

陈瑞芳内心很着急，可又实在走不开。阿依古丽是她的结对亲戚。吐鲁番市高昌区亚尔镇英买里村的阿依古丽不到30岁，带着3个年幼的孩子，她看起来单薄、柔弱，可内心很坚强，不辞劳苦地照护着孩子们。那天，陈瑞芳带着书籍、零食、日用品等礼物来到他们家。在翻译的帮助下，她们做了融洽的沟通交流。到了午饭时分，阿依古丽热情地起身做饭，陈瑞芳陪着3个孩子，和他们一起看书，给他们讲故事，教他们学国家通用语言文字。她和3个孩子相处得其乐融融，特别是阿依古丽的大女儿海迪且很快就放下了拘谨，变得活泼起来，亲热地拉着陈瑞芳的手不放。

会议一结束，陈瑞芳立马拨通了阿依古丽的电话，电话那头却是她听不懂的维吾尔语。陈瑞芳要她把手机递给身边的一位维吾尔族干部，请他帮忙沟通。从这位干部口中她得知阿依古丽的病好多了，正准备回家。陈瑞芳悬着的心才安定下来。阿依古丽需要休养，3个孩子怎么办？陈瑞芳忧心忡忡。

第二天一早，陈瑞芳匆匆赶到阿依古丽家。一进屋，陈瑞芳就

第二辑 圆梦工程

从厨房拿了一个碗,给她倒水喝。阿依古丽说,到医院后病情稍有好转,因为看病需要花费,自己没钱,就回来了。听阿依古丽这么一说,陈瑞芳的心像被针扎了一样。她掏出钱包,拿了几百块钱塞给阿依古丽。

当天晚餐时分,桌上摆着汤饭、馕,还有一盘烤鸡。他们平日里吃的不是汤饭和馕,就是奶茶和馕,今天怎么会有烤鸡呢?陈瑞芳有点儿惊讶。原来,烤鸡是孩子的外公专门送过来的,感谢陈瑞芳对阿依古丽家的帮助。陈瑞芳象征性地吃了一小块,却如鲠在喉。

对阿依古丽家而言,这就是大餐,陈瑞芳怎能吃得下?要留着给孩子们吃。那天晚上,两个小男孩早早睡下,陈瑞芳和阿依古丽母女在翻译的陪同下,聊天至深夜。

- 141 -

海迪且对陈瑞芳充满了好奇、充满了友善,时不时地来到陈瑞芳的身边,时不时地看看陈瑞芳,时不时地还问上几句。陈瑞芳在她的眼里就是给她带来希望的阿姨。当晚,陈瑞芳联系了湖南援疆医疗专家到村上义诊。经过治疗,阿依古丽的病慢慢有所好转。陈瑞芳和他们家的感情也一步步升温。

海迪且年纪虽小,却清楚地记得1月份,吐鲁番天气寒冷,陈瑞芳再一次入住她家。孩子们见到陈瑞芳后欢呼雀跃地围着她。陈瑞芳又给孩子们读书、讲故事。看着孩子们一直穿着厚厚的冬衣不敢脱下,陈瑞芳忍不住询问起阿依古丽来。阿依古丽把陈瑞芳带到了她家院子里,指着一堆煤说,他们要靠着这点煤熬过一个冬天,得省着点儿烧。看到这种情景,陈瑞芳当场决定送两吨煤给她家过冬。1月22日,陈瑞芳把买好的煤送了过来。

2018年3月28日下午,陈瑞芳提着收拾好的行李,准备返回,问起海迪且的去向:"海迪且在哪呢?""海迪且在屋里呢,正在哭,她舍不得你走。"阿依古丽对陈瑞芳说。陈瑞芳赶紧放下行李,快步返回屋里。8岁的海迪且正靠着墙边坐在地上捂着脸偷偷地哭。"阿姨,你什么时候还会来?"陈瑞芳蹲下来,把她揽在怀里,眼泪情不自禁地流了下来。

"我们已经结成亲戚了,这么多天的交往,让我们建立了深厚的感情。今后你有什么困难,尽管来找我,我们大家都会帮助你的。"陈瑞芳临走时动情地对阿依古丽说。

"有你这样一位远方'亲戚'的到来,让我燃起了对美好生活的希望:去考驾照、跑运输,通过自己的劳动改善生活,把孩子们好好培养成才。"阿依古丽眼里噙着泪水说。

说完话,两个女人紧紧地拥抱在一起……陈瑞芳坚定地说:"咱们要一起努力,把我们的这个小家打理好!"

有人说"不来新疆不知道祖国有多大",但大也有大的难处,戍守边疆、维护统一,一刻也不能懈怠;也有人说"不来新疆不知道祖国有多美",但你又何曾想到,大美背后需要大爱,需要无私奉献,需要家国情怀。

习近平总书记语重心长地指出:"广大青年应该在奋斗中释放青春激情、追逐青春理想,以青春之我、奋斗之我,为民族复兴铺路架桥,为祖国建设添砖加瓦。"湖南对口援疆吐鲁番20余年,涌现了一大批援疆湘女,再次彰显了当代湖湘青年的风采。她们深知,维护民族团结,促进民族融合,使命担当,责无旁贷!

乡村振兴　　筑梦家园

在2005年以前,每年夏秋农作物收获的季节,是广东省龙川县华城村家家户户准备缴纳农业税(俗称"公粮")的日子。村民们在前一天晚上将一个个装满粮食的袋子,整整齐齐地摆放到板车上。第二天清晨,全村的男女老少便出动了,长长的运粮队伍从村口出发,蜿蜒在乡间的小路上,很是热闹。运粮队伍从四面八方赶来,常常将粮管所里三层外三层地围得水泄不通。等粮管所的工作人员验收合格以后,村民们将自己的粮食倒进粮仓里,缴粮任务才算完成。华城村村民张水林还记得,自己家8口人,4亩多土地,要缴450千克公粮。

当时,像华城村这样丰收时节运粮忙的情景,全国各地随处可见。

农业税始于春秋时期鲁国实行的"初税亩",在汉代为"租赋",国民政府时期为"田赋"。1958年,第一届全国人大常委会颁布并

实施《中华人民共和国农业税条例》，统一了全国的农业税制度。

我国作为传统的农业大国，农业经济长期占据主导地位，农业税一直是国家发展的主要经济支柱。改革开放后，随着工商业的发展，农业在国民经济中的比重不断下降，征收形式也逐渐由农民向国家缴纳粮食，转变为缴纳粮食和现金并行，后来发展到完全缴纳现金的模式。

改变始自2004年。这一年，农业税在全国财政收入中的占比下降到1%，国务院开始实行减征或免征农业税的惠农政策。

2005年，全面取消农业税的时机已然成熟。农民不仅结束了交农业税的历史，还迎来了国家给种粮农民补贴的好日子。

多年以来，党和政府在改善农村民生方面做了许多努力：取消农业税，让农民劳有所得；实施新型农村社会养老保险制度，让农民老有所养；实施新型农村合作医疗制度，让农民病有所医；实施危房改造等，让农民住有所居……党和政府深知，要全面建成小康社会，最艰难最繁重的任务在农村，最广泛最深厚的基础在农村，最大的潜力和后劲也在农村。

农村兴，则国家兴。社会主义新农村发展日新月异，还走上了城乡融合发展的道路。

2018年1月23日，中国城镇化促进会（简称"中国城促会"）有了一位新的副主席——柳中辉。成立于2014年10月30日的中国城促会，是经国务院批准，专门开展城镇化研究，推动全国新型城镇化发展的新型智库。柳中辉坦言，自己实在就是"乡下人"。

但乡下人有乡下人的底气。柳中辉在家乡湖南省长沙县浔龙河村，依托城郊优势，探索乡村振兴的路子，带领老百姓脱贫致富，创造了全国瞩目的"浔龙河模式"。

第二辑 圆梦工程

柳中辉初中毕业，干过农活，做过生意，后来进了乡镇企业上班，再出来自主创业……

母亲的宽容与鼓励，他永远忘不了。在母亲看来，人无论在哪里都要认真学习本领，自食其力，不骗人害人，有能力了要帮助更多的人……陪伴母亲的日子里，柳中辉突然顿悟，自己是不是也该为改变家乡做点儿事情呢？

浔龙河村（那时候还叫双河村）可是远近闻名的贫困村，摆脱贫困谈何容易？

乡下路不好，柳中辉就掏腰包修；谁家困难，他上门资助……但带领百姓脱贫致富是一个系统工程，"授之以鱼，不如授之以渔。"话是这么说，可做起来却很难。"功成不必在我，但功成必定有我。"柳中辉认为，人生在世，就要不断挑战难题，何况是建设家乡，个人更有责任和义务。

通过广泛调研，柳中辉发现，农民的资本无外乎是都拥有大大小小的责任地和浑身上下使不完的力量。"工商资本追求的是规模效益，分散的土地经营权就是资本下乡的最大障碍。"在商海打拼多年的柳中辉这样分析。在村里，能不能进行一次新的"土地改革"，从而唤醒沉睡多年的乡村土地资源？

柳中辉苦苦思索，决定先摸清村里的"家底"。于是，他邀请一些德高望重的老同志，成立了土地产权调查小组；每个村民小组都选出代表，请专业测绘队进行勘测；最后形成村内土地调查报告，明晰土地产权关系。准确掌握了全村土地情况，这就为发展现代农业提供了参考。

摸清"家底"后，柳中辉就想，先得规划村民们集中居住，让大家真正享受到城市的居住环境，同时也可以节约宅基地指标。更

重要的是,这还让农民的宅基地形成了资产。紧接着,柳中辉带领村民们将集体土地所有权、承包经营权和宅基地使用权进行出让、流转或置换。这就是浔龙河模式的核心之一,以土地资源支持项目建设,通过项目建设实现致富增收。盘活了土地资源,柳中辉充分发挥自己的人脉优势,短短 8 年就完成了教育、生态、文旅和康养 4 大产业的布局与招商。

"我有一个浔龙河之梦,就是要把这里打造成城镇化的农村、乡村式的城镇。如今这个梦想正一步步变为现实……"柳中辉自豪地说道。

新中国成立 70 年来,特别是改革开放 41 年来,我国经济社会发展取得了巨大成就,城乡结构也发生了深刻变化。2018 年,我国人均 GDP 接近一万美元,处于中上收入国家行列,并在向高收入国家迈进;我国城镇化率接近 60%,已经成为以城市人口为主的国家,城镇化水平还在继续提升;城乡二元体制不断破除,城乡互动更加密切。我国城乡关系发展已经站在一个新的起点上,正在进入城乡融合发展的加速期。

党的十九大报告指出,中国特色社会主义进入了新时代。完成新时代使命,融合发展将具有更加重要的作用和意义。以习近平同志为核心的党中央把融合发展思想提到新高度,并据此做出了一系列重大决策。"四个全面"战略布局是融合发展的纲领,"五位一体"总体布局是融合发展的任务。大力推进新型城镇化是实现城乡融合发展的战略。建立京津冀城市群、建设雄安新区、抓好长江经济带、筹建粤港澳大湾区,是实现城市和区域融合发展的创举。转型发展、创新驱动,"大众创业、万众创新",提倡"互联网+",是促进融合发展的举措。以发展促融合,以融合促发展,中国的发展蓝图更显时代风采。

第三辑

美丽中国

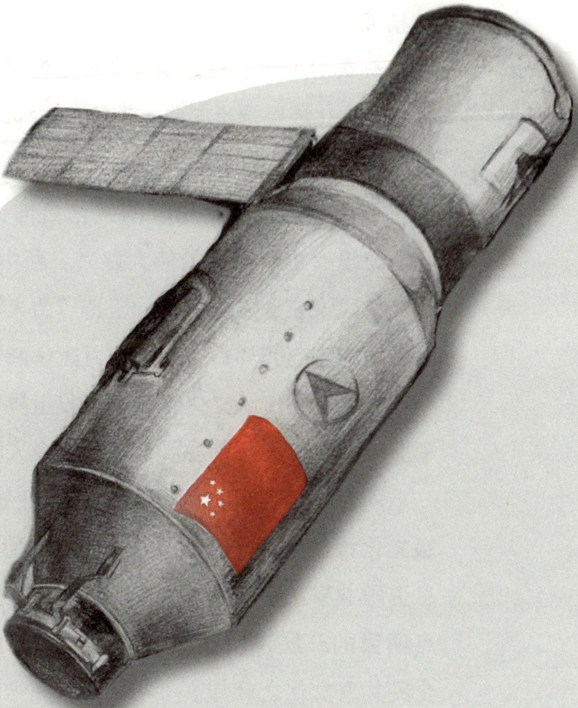

辉 煌

2012年12月,在瑞典斯德哥尔摩音乐厅里,莫言接受诺贝尔文学奖的颁奖。

2016年4月,儿童文学作家曹文轩被授予国际安徒生奖。

我国第一部美术动画电影《大闹天宫》走出国门,获奖无数,响亮的掌声犹在耳畔。法国媒体的评价——这部电影"完美表达了中国的传统艺术风格",更是振奋中国人的精神。

一次次走向世界,一次次得到各界认可,富有中华文明特色的文化成果阔步向前,带着东方神韵呈现在世界面前。

文化是一个国家、一个民族的灵魂。文化兴国运兴,文化强民族强。没有高度的文化自信,没有文化的繁荣兴盛,就没有中华民族的伟大复兴。新中国成立70年来,中国文化建设在探索中前进,坚持"为人民服务,为社会主义服务"的方向和"百花齐放,百家争鸣"的方针,大力传承中华民族优秀传统文化,积极吸收世界优秀文化成果。文化事业和文化产业蓬勃发展,取得了令人瞩目的成就。

同时,随着国家对公共文化事业投入的不断加大,各级文化设施建设不断推进,"农家书屋工程""全国文化信息资源共享工程""农村电影放映工程"等文化惠民工程重点项目的开展,覆盖城乡的公共文化服务网络逐步建成,全民共享文化之辉煌。

讲故事的人

2012年冬天，在瑞典的斯德哥尔摩音乐厅里，莫扎特D大调奏响了。音乐厅的讲台上，摆放着诺贝尔的铜像，地上铺着深蓝色的地毯，墙上装饰着鲜花。诺贝尔奖的颁奖典礼将在这里举行。

瑞典文学院诺奖委员会主席瓦斯特伯格上台致辞并宣布，中国作家莫言获得该年的诺贝尔文学奖。

穿着燕尾服、戴着白领结的莫言走上台，从瑞典国王卡尔十六世·古斯塔夫的手里接过了诺贝尔奖证书、奖章和奖金支票。与国王握手表示感谢后，莫言向大家鞠躬致意。音乐厅里响起了热烈的掌声。

领奖前，莫言身着胸前绣着"莫言"两字红色篆刻图案的深色中山装，在瑞典文学院发表了主题为"讲故事的人"的文学演讲。听众们被莫言的故事感动，集体起立鼓掌长达1分钟。

在这次演讲中，莫言回顾了自己的成长经历，他说："我小学未毕业即辍学，因为年幼体弱，干不了重活，只好到荒草滩上去放牧牛羊。当我牵着牛羊从学校门前路过时，看到昔日的同学在校园里打打闹闹，我心中充满悲凉，深深地体会到一个人，哪怕是一个孩子，离开群体后的痛苦。

"到了荒草滩上，我把牛羊放开，让它们自己吃草。蓝天如海，草地一望无际，周围看不到一个人影，没有人的声音，只有鸟儿在天上鸣叫。我感到很孤独，很寂寞，心里空空荡荡。有时候，我躺

我和我的祖国
WO HE WO DE ZUGUO

在草地上，望着天上懒洋洋地飘动着的白云，脑海里便浮现出许多莫名其妙的幻象。我们那地方流传着许多狐狸变成美女的故事，我幻想着能有一个狐狸变成的美女来与我做伴放牛，但她始终没有出现。但有一次，一只火红色的狐狸从我面前的草丛中跳出来时，我被吓得一屁股坐在地上。狐狸跑没了踪影，我还在那里颤抖。有时候我会蹲在牛的身旁，看着湛蓝的牛眼和牛眼中的我的倒影。有时候我会模仿着鸟儿的叫声试图与天上的鸟儿对话，有时候我会对一棵树诉说心声。但鸟儿不理我，树也不理我。许多年后，当我成为一个小说家，当年的许多幻象，都被我写进了小说。很多人夸我想象力丰富，有一些文学爱好者，希望我能告诉他们培养想象力的秘诀，对此，我只能报以苦笑。

"就像中国的先贤老子所说的那样，'祸兮福所倚，福兮祸所伏'。我童年辍学，饱受饥饿、孤独、无书可读之苦，但我因此也像我们的前辈作家沈从文那样，极早地开始阅读社会人生这本大书。（前面所提到的）到集市上去听说书人说书，仅仅是这本大书中的一页。"

在这次演讲结束前，他还说道："我是一个讲故事的人。因为讲故事我获得了诺贝尔文学奖。我获奖后发生了很多精彩的故事，这些故事，让我坚信真理和正义是存在的。今后的岁月里，我将继续讲我的故事。"

莫言是中国当代著名作家，也是有史以来首位获得诺贝尔文学奖的中国作家。他的主要作品有《红高粱》《檀香刑》《透明的红萝卜》《生死疲劳》《丰乳肥臀》《天堂蒜薹之歌》等，多次获得国内和国际文学奖。莫言的许多作品已被翻译成多种语言，包括英文、法文、德文、意大利文、日文等，在世界文学界具有较大的影响。他以虚构的"高密东北乡"为文学地标，在此基础上创建出自己的文学王国。莫言通过对自己故乡的生活方式和一般生活状况的描写，传达了某种带普遍性的人性内容和人类生存状况，将一般的乡情描写转化为对人的"生存"的领悟和发现。

在莫言荣获诺贝尔文学奖之后，2015年刘慈欣凭借科幻作品《三体》荣获雨果奖，2016年儿童文学作家曹文轩荣获国际安徒生奖。

曹文轩出生于江苏盐城，现任北京大学中文系教授。他的代表作《草房子》讲述了男孩桑桑在水乡油麻地的成长故事。

"那是1961年8月的一个上午，秋风乍起，暑气已去，14岁的男孩桑桑，登上了油麻地小学那一片草房子中间最高一幢的房顶。他坐在屋脊上，油麻地小学第一次一下就全都扑进了他的眼底。秋天的白云，温柔如絮，悠悠远去，梧桐的枯叶，正在秋风里忽闪忽闪地飘落。这个男孩桑桑，忽然地觉得自己想哭，于是就小声地呜咽起来。

"明天一大早，一只大木船，在油麻地还未醒来时，就将载着他和他的家，远远地离开这里——他将永远告别与他朝夕相伴的这片金色的草房子……"

这是儿童小说《草房子》的开篇。曹文轩的童年在江苏度过，水乡的生活给他带来了无穷的乐趣和想象空间。"我的童年是在贫穷中度过的，是幻想帮我渡过了童年的危机。没有铅笔，我就会幻想我有无数的铅笔；没有书包，我就幻想我有无数的书包、各种各样的书包。我以我的想象来弥补我的一无所有，弥补我的贫穷。"感动无数少年儿童和成人读者的《草房子》便是从他的童年生活中脱胎而出的。他说："我的空间里到处流淌着水，《草房子》以及我的其他作品皆因水而生。"除了《草房子》这部作品外，他还著有《山羊

不吃天堂草》《根鸟》《青铜葵花》等作品。

2016年4月，在意大利博洛尼亚国际儿童书展上，国际安徒生奖评委会公布了当年的获奖名单，曹文轩成为中国首位获此殊荣的作家。国际安徒生奖由国际少年儿童读物联盟于1956年设立，由丹麦女王玛格丽特二世赞助，以童话大师安徒生的名字命名。该奖每两年评选一次，以奖励世界范围内优秀的儿童图书作家和插图画家。

国际安徒生奖评委会主席帕齐·亚当娜在授奖词中评价道："曹文轩的作品书写了关于悲伤和苦痛的童年生活。他的作品非常美丽，树立了孩子们面对艰难生活挑战的榜样，能够赢得广泛的儿童读者的喜爱……他用诗意如水的笔触描写了生活中一些真实而哀伤的瞬间。"

对于获奖，曹文轩更强调祖国在他创作中所赋予的灵感和力量："我们说一个人有力量、有能力，除了他自己确实有点儿强之外，还在于背后他人的力量。这个他人，可能是一个具体的人，可能是一个家族，可能是一个团体，而我的背景是中国。"

"这个经受了无数苦难与灾难的国家，一直源源不断地向我提供独特的写作资源，"曹文轩说，"我的作品是独特的，只能发生在中国，但它涉及的主题寓意全人类。这应该是我获奖的最重要原因。"

曹文轩荣获国际安徒生奖，既是中国儿童文学作家享誉国际的一大步，更是中国儿童文学迈向世界的一大步。优秀作家创作的优秀作品，不仅带给我们的孩子文学的滋养，还迈出国门，进入到了更多孩子的阅读视野。

新中国成立以来，涌现出一大批优秀的中国当代作家。从20世纪末期开始，中国当代文学大踏步迈进世界先进文化行列，出现了《红高粱》《秦腔》《哦，香雪》《活着》《穆斯林的葬礼》等一大批优秀作品。近年来，活跃在中国当代文坛的优秀作家们更是频频斩获国际大奖。从原创文学的崛起到不断刷新的文学成就，中国文学界真正呈现出"百花齐放、百家争鸣"的繁荣景象。

从《大闹天宫》说起

"话说在东土傲来国有一座花果山，山上有一尊石猴吸收日精月华化身为一只神猴。他就是孙悟空。孙悟空统领着花果山中的猴子猴孙。"

音乐响起来。小猴子们从水里跳出来，用两个月牙叉，将倾泻而下的水帘徐徐叉开，好似拉开舞台幕布一般。孙悟空翻着跟头出场了。他穿着鹅黄色上衣、豹皮短裙、大红的裤子，足下一双黑靴，脖子上还围着一条翠绿的围巾，神采奕奕，勇猛矫健。

这是美术电影《大闹天宫》的开场。

为求得一件称心的宝贝，孙悟空潜入龙宫寻宝。龙王许诺，如果孙悟空能拿动龙宫的定海神针——如意金箍棒，就将此棒奉送给他。但当孙悟空拔走宝物之后，龙王又反悔，并去天宫告状。

玉帝采纳了太白金星的主张，诱骗孙悟空上天，封他为弼马温，将他软禁起来。孙悟空知道受骗后，一怒之下返回花果山，竖起"齐天大圣"的旗帜，与天宫分庭抗礼。玉帝发怒，命李天王率天兵天将捉拿孙悟空，结果被孙悟空打得大败而归。玉帝又接受太白金星的献策，假意封孙悟空为"齐天大圣"，命他在天宫掌管蟠桃园。

一日，孙悟空得知王母娘娘设蟠桃宴，请了各路神仙，唯独没有请他。他火冒三丈，大闹瑶池，打得杯盘狼藉后，独自开怀痛饮，

又吃了太上老君的九转金丹，收罗了所有酒菜瓜果，回花果山与众猴摆开了神仙酒会。

玉帝暴怒，倾天宫之兵将下凡捉拿孙悟空。交战中孙悟空中了太上老君的暗算，不幸被擒。老君将他送进炼丹炉，结果不但没有烧死他，反使他更加神力无比。于是孙悟空奋起反击，把天宫打得落花流水，吓得玉帝狼狈逃跑。与《西游记》中的描写不同，大闹天宫之后的孙大圣回到花果山，跟猴儿们过起了幸福的生活。

《大闹天宫》根据《西游记》中的故事改编而成，是上海美术电影制片厂于1961年至1964年制作的一部彩色动画长片，由万籁鸣、唐澄联合执导。

为了设计孙悟空这一形象，设计师张光宇先生几易其稿。在他设计的第一稿中，孙悟空双眼距离太靠近，有戏剧舞台上丑角装扮猴子的感觉。不过，这一稿中的面部装饰、豹皮裙等元素在最后定稿中得到了保留。第二稿所表现出的猴味则十分到位——头戴插着两簇野鸡毛的帽子，身穿竹编的盔甲，是一副苗家山寨大王式的打扮，不过线条过于烦琐，也不适合作为动画造型。第三稿线条简洁、色彩明亮，然而造型太方正，不够可爱，导演万籁鸣仍不满意。

由于支气管炎发作，张光宇先生只来得及做一些前期的设计。完成《大闹天宫》孙悟空最终造型定稿的，是首席动画设计师严定宪。他根据万籁鸣导演的要求，综合提炼了3版张光宇设计稿中的优点，并充分考虑动画创作的特殊性进行修改，最终才诞生了我们熟悉的孙悟空形象。

为了让孙悟空形象更生动，万籁鸣导演还特意请来"南猴王"郑法祥给大家上课，启发思维，激发灵感。

严定宪回忆道："郑法祥老先生提醒我们，孙悟空是猴子，不能画得跟一般侠客那样挺胸抬头，要缩着身体，端着肩膀，这样才有猴样。他说，你们画孙悟空绝对不要画出什么英雄气概，那样不行。孙悟空既是个猴子，也是个英雄，你得要他耸着肩，端着手，甚至抓抓痒，这个就是生活。"

动画设计师们在郑法祥的指导下，充分学习了京剧中的孙悟空表演。例如，孙悟空手搭凉棚的动作本来是从京剧中转化而来的，在动画片中成了标志性动作。在与二郎神大战的情节中，孙悟空变身成树上的小鸟，却习惯性地做出这个标志动作，令人忍俊不禁。

负责背景设计的张正宇先生是张光宇先生的三弟。他是中国青年艺术剧院的美术设计总顾问，设计过很多古典的舞台剧布景。蟠桃园的场景设计灵感来自苏州园林和徽派建筑，但张正宇并不是简单地照抄，而是在变化中创新。他将江南传统建筑物侧面的风火墙改成了正面，将它重新设计，并在中间开了一个门。最终的设计既彰显了天庭的威严，又让园内假山、流水、叠石相映成趣，一派典雅。他所设计的瑶池边上的怪兽，是制作组都从未见过的，让人惊呼大开眼界。

当时，美国、苏联动画里的云一般是棉花般一团，《大闹天宫》制作组觉得这样不够好看，而中国古代的云一直都是带着"如意头"的云纹，透着吉祥。为了追求一种民族风格，制作组参观了故宫的汉白玉石栏杆、西山碧云寺等，最终采用了中国传统如意头云纹的组合和变化，既有立体感，又有运动中魔幻的变化。七仙女出场时更是由云朵幻化成人形，将神话幻想色彩渲染得淋漓尽致。无论是角色的装饰设计，还是脚下踏着的变幻莫测的云；无论是背景建筑上的云纹，还是起渲染场景作用的空中云彩，可以说，中国风味的如意云纹作为最重要的文化符号贯穿了整部影片。

我和我的祖国
WO HE WO DE ZUGUO

　　《大闹天宫》具有鲜明的民族风格和东方幽默，它把经典作品《西游记》里的文化精髓和精神追求表现得淋漓尽致。影片上映后，不仅获得了国内观众的高度认可，也震惊了国际动画界，在数十个国家和地区发行。法国《世界报》曾经评论道："《大闹天宫》有美国迪士尼作品的美感，而造型艺术又是迪士尼式艺术所做不到的，它完美表达了中国的传统艺术风格。"《大闹天宫》荣获1962年捷克斯洛伐克卡罗维发利国际电影节短片特别奖、1978年英国伦敦国际电影节最佳影片奖、1982年厄瓜多尔第五届基多国际儿童电影节三等奖等国际电影奖项。

　　国粹是中华民族的宝贵财富，我们应保护好国粹，展示中华民族的文化自信的同时，包容、借鉴、吸收各种文明的优秀成果，以更加博大的胸怀，广泛地同各国进行文化交流，更加积极主动地学习借鉴世界一切优秀文明成果，铸就中华文化新辉煌。

我的书屋，我的梦

　　宋庆莲生活在湖南临澧县文家乡。她种地、种果树，就像生活在乡村的每一个劳动者一样，辛勤劳动。但是，她又和她周围的同龄人不一样。她爱写作。她写过很多文章，获过不少奖，还凭借自己的作品得到过去鲁迅文学院学习的机会。

　　她爱写作，更爱阅读。她不仅自己读书，还着急地喊着周围的人，尤其是孩子们一起读书。她说："书改变了我的命运。我希望有更多乡村的孩子能读到书，敢于做梦，敢于实现自己的梦想。"

　　可是，在这个乡村，没有图书馆。到哪里找书来读呢？

"我来建一个书屋吧。"她对自己说。

建书屋，这是个是好主意。可是，买书的钱从哪里来？

她看着田野，看看自己的双手。"钱总会有的。"她又对自己说。她在家里装上大大的书架。她用空空的书架激励自己。

除了种地，她种起了蘑菇。种蘑菇辛苦啊，要小心照看。可更辛苦的是，每天天还没亮，就要把摘下来的蘑菇用车子推出去卖。四周的田野还被黑夜笼罩着，星光在天空闪烁。走在黑夜里，她心中的梦想抚慰了她的疲惫。可是，除去家里的开支，节余的钱要办一个书屋还远远不够。

还有别的办法吗？一个偶然的机会，宋庆莲听说了"农家书屋工程"。2010年春天，她主动找到临澧县文化局领导，谈起自己想办农家书屋并义务管理它的想法。这个想法得到了局领导的鼓励和支持。在县、乡、村各级部门的支持下，宋庆莲的农家书屋成立了。她把自己的家变成了乡村图书馆。一天一天又一天，一本一本又一本，书架渐渐满起来，来看书的人多起来了，乡村里的笑声也多了。

在上海市浦东新区鹤鸣村的农家书屋，管理员秦琴莲每天都"忙不赢"。

鹤鸣村农家书屋坚持每天至少开放7个小时。图书分类、登记、上架、保管和免费借阅手续等都是秦琴莲的活。除此之外，秦琴莲还把书屋打扫得一尘不染，把自家的绿植花卉搬到书屋，尽力为村民创造一个舒适的读书环境和氛围。走进鹤鸣村农家书屋，每张书桌上摆放着花束，整个农家书屋给人以明亮、安静的感觉。书屋里的村民，完全沉浸到了书的世界里……

村民们都喜欢来这里坐坐。

"家里太冷清，我每天都会来这里看会儿报纸，还能跟秦老师、

其他村民聊天谈心,心情舒畅了许多,感觉日子不那么孤单了。"经常来这里的许老伯说。

"有没有一本书是介绍遗产继承的?"有一次,村民林老伯急匆匆地来到书屋。原来,已经50多岁的林老伯因老宅继承问题,闹得姐弟俩不和。当时,书屋里并没有他想要的书。"你等等,我马上帮你向上反映。"秦琴莲马上联系镇文化中心图书馆,询问是否有这一类书籍。

因为这本临时调来的有关继承法的书籍,林老伯大致了解了继承方面的法律常识,在处理解决家庭纠纷时做到了有礼有节。后来,又加上秦琴莲从中调解,他与姐姐和好如初。"真的要感谢她,否则我们姐弟的关系可能一直僵下去。"林老伯感慨道。

很多村民像林老伯一样,因为农家书屋的存在而获益良多。越来越多的村民把农家书屋当成了第二个家,在这里聊着陈年旧事,追寻逝去的记忆。不知不觉中,到农家书屋坐坐已经成了许多村民的习惯。

每年的寒暑假期间,是鹤鸣村农家书屋最热闹的时候,每天都有许多学生来看书学习。秦琴莲义务当起了孩子们的临时老师,帮助孩子们选择适合的读物,指导孩子们的阅读。这里,成了孩子们又一个快乐的家。

近年来,农家书屋工程建设持续推进。截至2018年年底,全国共有农家书屋58.7万家,累计向广大农村地区配送图书超过11亿册,农民人均图书拥有量从工程实施前的0.13册增长到现在的1.63册。在满足农民基本文化需求和促进农村精神文明建设方面,农家书屋都发挥了重要作用。

除了农家书屋工程,还有广播电视村村通工程、全国文化信息资源共享工程、农村电影放映工程、西部开发助学工程和电视进万家工程等,都是文化惠民工程的重点项目。党的十七大提出来的文化惠民工程,是全国人民物质生活水平快步提高之后的一项伟大工程,是社会主义文化大发展、大繁荣的一项重大举措,也是一项惠及全国人民、普及大众文化的工程,让每个人都能共享优秀的文化成果。

我们有着博大精深的优秀传统文化,积淀着中华民族最深沉的精神追求。比如"自强不息"的奋斗精神,"精忠报国"的爱国情怀,"天下兴亡,匹夫有责"的担当意识,"舍生取义"的牺牲精神,"革故鼎新"的创新思想,"扶危济困"的公德意识,"国而忘家,公而忘私"的价值理念,这些一直是中华民族奋发进取的精神动力。这些千百年传承的理念,已浸润在每个中国人心中,构成中国人独特的精神世界,滋养了独具中国特色的文化成果。从文化惠民政策的制定到城乡综合立体的文化扶持、传播、消费体系的搭建;从传统文化素材进入包括影视在内的多种文化消费领域及世界文化市场,到传统文化的创造性转化、创造性消费,从原创文学的崛起到新中国成立70年来繁花似锦的文学成就,我们的文化事业取得了令人瞩目的辉煌成就。

我和我的祖国
WO HE WO DE ZUGUO

旋 律

  穿越千年的汉字，如音符般跳跃在历史的五线谱上。时至今日，我们依然用它阅读，用它交流，播撒文明的信息。目光所及之处，表情达意之间，依然可以触碰到几千年前古人鲜活的灵魂，描摹出上下 5000 年不变的模样。

  小桥流水、粉墙黛瓦、石板路蜿蜒的江南，烟雨蒙蒙，水韵悠悠，处处透着灵气。苏绣大师们将苏绣工艺代代相传，他们以绣绷为舞台，"缩千里于尺幅，绣万趣于指下"，针针穿越水墨江南的底色，线线紧随时代发展的脉搏，灵动的手指如翩飞的蝴蝶，给这项传承千年的古老技艺注入了新的灵魂。

  中国的热土上从来不缺少歌唱。《我的祖国》便是一首传唱度极高的作品，蕴含其中的爱国主义、理想主义情怀深深影响了几代人。可以说，凡是有龙的传人的地方，就有《我的祖国》。这是一首让人永远动情的歌，如同一条闪光的河，在中华儿女的心中流淌，经久不息。

  立足中国历史，寻找中国传统文化元素在当下的复兴，探寻通往中国文化深层精神内核的路径，挖掘文化艺术的人民性，是中华儿女在增强文化自信历程中的必经之路。

古老汉字，演绎现代动感旋律

  中国的汉字，历经数千年的时光，从甲骨文、金文到篆书、隶书，再到楷书、行书、草书，从繁体到简体，从手写体到印刷体，几经形态的转换，仍存在于我们的日常生活之中。今天，这一承载着中国几千年历史文脉和民族精神的古老文字不仅只是一种东方语言的载体，也不仅只是中华民族特有的艺术形式，它独具的象形和表意特征，使它转化为一种新的视觉资源，成为世界当代艺术的新元素，在世界文化图景中生长出新的姿态与活力。

  朱青生是中国当代艺术与批评领域的重要人物，也是一位长期创作的艺术家。2015年11月，他展出了一幅大尺寸绘画作品《放大书法》。他将汉字书法中的一道笔画放大了100倍，使画面呈现出一种抽象绘画的效果，他用这种方式来表达对中国传统书法中笔意的探究。

  马浚诚自称"老央美人"，现在是中央美术学院城市设计学院副院长、教授。他和他的团队一起，在北京798艺术区办了一场"汉字演艺"沙龙展。汉字在他们手中被一一拆解，分成一个个偏旁部首，通过3D建模、3D打印，最后翻制成不锈钢……在一番颇具"玩法"的加工之后，这些原本"跃然纸上"的汉字如长了手脚一般，跃出二维平面，成了一群可以自由组合的、立体可感的部首雕塑。马浚诚邀请了10多位艺术家、设计师一起在这些部首上进行创作。大家角度不一，创作的方式也不同。马浚诚在"乙"上写毛笔

书法,邵亦杨在"阝"上画西方超现实主义艺术家雷尼·马格利特的作品,张杰在"冂"上画了中国传统山水画,孙鸥在"亅"上用到了动漫游戏中的元素……这是一次对汉字包容性极具创意的展示。马浚诚说:"以汉字为画布,传统与现代,东方与西方,具象与抽象,在此相遇、交融,这就是汉字的包容性。这些被拆分的汉字偏旁部首,一横一竖,一撇一捺,都是探知汉字奥秘的钥匙。"

一个小小的汉字就是一个大大的天地。有了汉字,祖先的回忆、中华儿女的心灵和希望得以拥有一份别样的寄托。陈秋林是当代中国备受赞誉的艺术家之一,背井离乡给人带来的动荡情绪和人们对于文化价值的认同是她不断调查研究的对象。2015 年,她展出了作品《广和昌的豆腐百家姓》。该作品延续了她自 2004 年起不断实践积累的《豆腐百家姓》系列作品,以影像视频的形式展现了在豆腐块上雕刻汉字姓氏的活动,并记录了豆腐字逐渐瓦解直至腐败的全过程,突出了悉尼第一家华人店铺"广和昌公司"的经济及社会意义,以此纪念早期移民澳洲的华人群体及他们所做出的巨大社会贡献。

艺术家们对汉字魅力的解读和运用并不止于此。

回望 2008 年,北京奥运会会徽"中国印·舞动的北京"给人们留下了十分深刻的印象。在热烈的红色底色下,北京的"京"字演化为舞动的人体,舞出了"新北京"形象,展现出中华汉字所蕴含的东方思想和民族气韵,传递出华夏文明所独具的人文特质和优雅品格。这枚中国印,是用中华民族精神镌刻、古老文明意蕴书写、华夏子孙品格铸就的奥林匹克史诗中的经典华章。它简洁而深刻,展示着一个城市的演进与发展;它凝重而浪漫,体现着一个民族的思想与情怀。

无独有偶，2017年12月15日晚，北京2022年冬奥会和冬残奥会的会徽正式对外发布。由中央美术学院副教授林存真精心设计的冬奥会会徽"冬梦"和冬残奥会会徽"飞跃"，在4500余件设计作品中脱颖而出。

林存真对"冬梦"和"飞跃"的形态这样解读："冬奥会是冰雪运动的综合，会徽既要体现冰上运动，也要体现雪上运动，会徽形态来源于冰上和雪上运动的姿态，整体外形又体现了中国汉字'冬'。同时，冬奥会与夏奥会相比，所有运动项目都借助于器械，特别是在设计冬残奥会会徽时，除了展现汉字'飞'的动感和力度，将其巧妙地幻化成一个向前滑行、冲向胜利的运动员，还增加了对雪杖、轮椅等运动器械的展现。"此次冬奥会会徽之所以再次采用汉字创意，是因为在中华民族5000年文明当中，汉字是承载多种文化因素的重要媒介，而中国书法则是中国最高的艺术境界代表之一。

如今，汉字的身影越来越多地出现在世界各地，越来越多的艺术家和设计者看到了中国汉字的魅力，将汉字元素成功地运用到现代设计之中。汉字作为中国文化中最基本的美学元素之一，不仅为产品打造出强大的东方气场，还传达出独具东方韵致的美感。

2018年，中国品牌李宁在纽约参与的一场大秀引爆了运动圈与潮流圈，该品牌衣服和鞋子上的醒目的汉字带给人们强烈的视觉冲击，让汉字元素在国际上大放异彩。人们惊讶地发现，因为汉字这一设计元素的加入，李宁开始变"潮"了。

美国帆布鞋品牌匡威与韩国潮流品牌Kasina合作打造联名鞋款系列，该系列最为突出的细节便是鞋后跟的汉字刺绣"一九九七"，体现出了浓郁的亚洲街头文化风格。

2015年，Nike对经典鞋款Air Force 1和Tennis Classic进行改良

和创新,首次对品牌名称进行汉字化尝试,将中文"耐克"二字融入球鞋设计之中,向中国球鞋文化的传承致敬。

将中国汉字元素玩出极致的是"菲董"和阿迪达斯联名带来的"中国限定"系列。这一系列包含了"快乐 HAPPY""热情 PASSION""和平 PEACE""青年 YOUTH"4大主题。这4大主题都是鸳鸯鞋的设计,左脚鞋面为汉字刺绣,充满浓郁的中国风,右脚鞋面则是与汉字对应的英文刺绣,左右脚中西文化元素的灵动碰撞使该系列极具个性与视觉冲击。

也许很多外国人并不能完全理解这些方块字的含义,但他们仍然能感受到这些来自中国的符号所散发出的独特文化魅力。中国汉字,以它穿越千年的强劲生命力和巨大感染力,在世界舞台上频频亮相,备受瞩目。国际品牌对中国传统的频频致敬,尽显中华文明的盛大气象和中华儿女的文化自信。

苏绣,指尖的灵性之舞

> 日暮堂前花蕊娇,争拈小笔上床描。
> 绣成安向春园里,引得黄莺下柳条。
> ——〔唐〕胡令能《咏绣障》

黄昏余晖之下,厅堂前的花开得鲜艳娇美。一群可爱的绣女正竞相拈取小巧的画笔,对着烂漫的春花在绣床上描花样。她们动作轻灵,姿态优美,灵动的手指如翩飞的蝴蝶,舞出一扇流光溢彩的绣屏。这扇美丽的绣屏被安放在春光烂漫的花园里,绣面栩栩如生,

第三辑 美丽中国

春光一片，竟引得黄莺也忍不住离开柳条，向绣屏飞来。唐朝诗人胡令能的这首诗不仅展现了绣女们描样刺绣的美好画面，更巧妙地表现了绣女们巧夺天工的刺绣技艺。

中国是丝绸的故乡。西汉之后，在长达 1000 年的时间里，西方人一直把中国称为"赛里斯国"，意思是"丝来的地方"。中国也是追求美的国度。这些丝，在银针的牵引下，在中国古代劳动人民的智慧和汗水中，纵横穿梭，逐渐形成一项民间手工技艺——刺绣。如今，这项织就中华民族独特气质的古老手工技艺已流传了 2000 多年。

清代时，苏绣、湘绣、蜀绣、粤绣就已被确立为中国四大名绣。苏绣更是因其独特的吴地风情和精美绝妙的绣工艺术而列四大名绣之首，素有"古今中华第一绣"之称。苏绣最初起源于苏州吴县一带，如今已遍及整个太湖流域，从某种意义上说，苏绣不仅是一个物件、一种工艺，更是一种文化存在。它历史久远，形态多样，影响广泛，至今生命力旺盛。2006 年 5 月 20 日，苏州刺绣经国务院批准列入第一批国家级非物质文化遗产名录。

将苏绣列入国家非物质文化遗产名录，不仅是对中国传统文化的保护，更是对苏绣文化的传承。谈及苏绣文化的传承，"85 后"刺绣师张雪有着自己的见地和实践探索之路。他本科就读于南京财经大学国际经济与贸易专业，临近毕业时回到家乡，发现原本号称"有八千绣娘"的镇湖，如今 35 岁以下的刺绣师竟不满 50 人。他觉得可惜，于是放弃了英国利兹大学的录取通知和金融公司的工作，从头学起了苏绣，人称"姑苏绣郎"。

虽然投身刺绣的时间不到 10 年，但张雪将传统绣技融入现代审美，一直在探索苏绣文化传承与发展的新思路。他凭借首创的《素

我和我的祖国
WO HE WO DE ZUGUO

描绣》斩获"中国（开封）清明文化节暨中国（开封）首届工艺美术展"银奖；刺绣作品《锦鸡》获 2013 年江苏省工艺美术新人新作成果展作品大赛金奖；作品《佛》《四季》《星空》均获江苏省艺博银针杯刺绣作品大赛金奖。在张雪看来，传承本身就意味着变化。在几千年的历史长河中，传统技艺并不是一成不变的，在不同的时代有不同的发展。

早在明清时期，苏绣就以其表现力冠绝天下。近代国门打开之后，苏绣随时代创新着自己的针法，不仅能表现传统的水墨韵味，还能把油画乃至素描表现得栩栩如生，在中西文化的碰撞中，扮演了自己独特的角色。艺术家沈寿闻名苏州绣坛，她融西方绘画中肖神仿真的特点于刺绣之中，新创了"仿真绣"，被誉为第一代"苏绣皇后"。苏绣大师杨守玉将西洋绘画与中国刺绣融为一体，成功发明了"乱针绣"，打破了传统刺绣"密接其针，排比其线"的框架。

新中国成立以后，在党对工艺美术"保护、发展、提高"方针的指引下，地方政府通过组织城乡物资交流等方式，促进了绣品销售，提高了绣工的生产积极性。以吴县镇湖一带为首的乡镇，几乎形成"家家有绣绷、户户有绣娘"的规模，超过历史上任何朝代。20世纪70年代至90年代，苏绣大军不但每年生产出大量的日用绣品满足市场需求，而且在拓宽新门类、采用新材料、应用新工艺等方面做了大量的探索和努力，把刺绣和镶、嵌、印、贴、雕、绘等各种技艺手段综合运用起来，制作出了一批批具有现代审美感的产品，各种题材异彩纷呈，其表现的艺术幅度，远远超过以往。苏绣艺人们相继创造出绣品正背两面纹样、针法相同、色彩迥异的双面异色绣和双面异色、异样、异针法刺绣（双面三异绣），突破了清朝以来双面绣两面图案必须一致的禁区。苏绣进入了一个全面发展、提高的新时期。

在这一时期，顾文霞成了苏绣传承路上的突出传播者。她是第一个用文字向世界展示苏绣的人，曾到英国、瑞士等国家进行刺绣表演和传授技艺，为苏绣赢得更多国际声誉，被授予国家级突出贡献专家称号。她曾经参与复制了战国、汉、宋、明、清刺绣文物200余件，收集民间绣品多件，抢救、整理了许多宝贵资料。她的

《万历帝衮服》复制工艺获 1984 年全国工艺美术百花奖金杯奖。她创新了 40 多种苏绣针法，有多件苏绣珍品流传于世，对继承苏绣优秀传统和开发创新产品卓有贡献，被誉为第二代"苏绣皇后"。

姚建萍出生于 20 世纪 60 年代，是苏绣的第三代传人，也是国家级非物质文化遗产项目（苏绣）代表性传承人。1997 年，她被联合国教科文组织授予"民间工艺美术家"称号。她的刺绣作品曾荣获中国国际民间艺术博览会金奖和民间艺术博览会最高荣誉奖"山花奖"，多次被选为国礼，被世界各国美术馆和收藏家珍藏。姚建萍从艺 40 余年，全面掌握了苏绣 2500 多年来的所有针法和技艺，是集苏绣千年之大成者。她独创"融针绣"绝技，开创"韵光绣"等国宝画绣制技法，将油画、摄影、雕塑、国画、书法的线条、结构、色彩、光影变化融为一体，与传统刺绣针法有机结合，注重作品的唯美主义倾向，强调光影色彩的自然过渡，大胆追求色彩的斑斓丰富，充分运用平针绣和乱针绣的各自特点，中西融合，古今融合，吸收各大绣种流派的特点，被誉为当代苏绣第一人。

2019 年，姚建萍为践行传承和发展国家级非遗的责任，再次亲自带领团队创作《和谐盛世》。《和谐盛世》是姚建萍为纪念新中国成立 70 周年，在 2008 年奥运献礼巨作《和谐盛世——百年奥运中华圆梦》的基础上重新设计、再次创作的精品之作。作品采用融针绣技艺，集国画、油画、摄影等艺术元素于一体，通过几十种繁复针法，用逐层加色、逐渐加深的技法着重地刻画了天坛的镏金宝顶、蓝瓦红柱和雅典卫城的美感，突出其距离感、空间感及透视效果，把一只只展翅飞翔的吉祥鸟，从灵动的眼睛到形象逼真的羽毛绣得栩栩如生，呈现出完美的艺术效果。此次创作通过对雅典卫城、北京天坛、长城、珠穆朗玛峰等中西方最具代表性的地标建筑和景观进行重点刻画，寄托了中西方文化交流的新阶段，寓意着中华文明文化自信新篇章的开启！

可以说，苏绣技艺在每个时代的每一次创新发展，都是创始人在当时全新文化资源和思维状态下产生的观念突破和技术突破。如今，"苏绣皇后"的传奇仍在继续。在姚建萍的家乡江苏镇湖，张雪的母亲薛金娣和姚惠芬、姚惠琴、卢福英、邹英姿等一批极具艺术修养和创新精神的绣娘，享誉海内外。

如今，"绣郎"张雪的作品也在苏绣界激起了不小的水花，《人民日报》曾连续两次在微博上转发他的相关视频……关于传承，年轻的他说："以前的手艺到现在并没有失传，只是在原来的基础上，根据时代特征加以完善。这就是中国文化的特点。它有一种包容性，会吸收外来元素，在原来的基础上做一种改变，变成一个很新的东西，很新的形式。"在张雪的努力创新下，苏绣作为一种传统又新颖的装饰艺术元素出现在手表表盘、耳机乃至珠宝首饰中，它的表现形式变得丰富而摩登，以前所未有的姿态融入当代人的时尚生活，在新时代里实现了别样的传承。苏绣之美，凝聚着一针一线绣出来的艰辛。在精美的苏绣作品背后，是常人难以忍受的孤独和寂寞。坚守工匠精神，并非易事。在苏绣的路上，张雪始终觉得自己才刚刚迈出脚步。"要么不做，要做，就一定要做到极致。"

指尖上的舞者，正带着古老的东方神韵，迈着自信的舞步，走向更广阔、更绚丽的世界舞台，每一步都流光溢彩！

歌唱我的祖国，永远深情的旋律

2018年12月22日晚，人民大会堂大礼堂内暖意融融。"为人民歌唱——中国乐派声乐大师郭兰英艺术成就音乐会"在这里成功举行，6000余名观众成了本场音乐会的最佳见证人。

音乐会在序曲《我的祖国》中拉开帷幕，接着，歌曲《南泥湾》《人说山西好风光》《汾河流水哗啦啦》，歌剧选曲《北风吹扎红头绳》《清凌凌的水蓝莹莹的天》等一首首经典曲目，经阎维文、张也、雷佳等老中青三代歌唱家的演绎，生动阐释了郭兰英熔铸在中国民族声乐事业中的精神财富和辉煌业绩，让观众们共同重温了艺术大师的卓越成就。艺术家们的倾情演绎，把晚会一次次推向高潮。最后，89岁的郭兰英在青年歌唱家的簇拥下，压轴唱响了家喻户晓的经典歌曲《我的祖国》。"一条大河波浪宽，风吹稻花香两岸……"郭兰英一亮嗓子，就充分展示了一代老艺术家的艺术魅力。她的演唱句句字正腔圆，情感自然流露，气势磅礴又大气端庄，全场观众的情绪都被点燃了。大家不由自主地打着拍子，与她一起合唱。曲毕，潮水般的掌声和欢呼声从观众席涌来，大家眼中闪着莹莹泪光，频频向郭兰英挥手致意，久久不愿离去。

《我的祖国》诞生于1956年，由诗人乔羽和作曲家刘炽合作完成，是电影《上甘岭》的插曲，原名《一条大河》，发表时被编辑改名为《我的祖国》。这首歌把抒情歌曲与颂歌两种体裁结合在一起，极富创造性。那时候，郭兰英唱得最多的还是歌剧和戏曲。据说，录制时，一开始她对这首"小菜一碟"似的歌还没什么感觉，但唱着唱着，她越唱越觉得这首歌好，歌词很抓人。当唱到"这是强大的祖国"时，她突然瞪大眼睛，整个人都傻了。过后郭兰英说："没想到这首歌会这么伟大!所以我越唱越有精神,唱完了我才进入了角色!"工作人员也被郭兰英的演唱深深打动了,眼中噙满了泪花。第二天,中央人民广播电台便向全国播放了这支歌曲。随即,如风吹麦浪一般,神州万里都回荡起"一条大河波浪宽"的旋律。

乔羽回忆作词过程时曾说,新中国诞生了,大家都特别高兴,都希望国家好一点儿,生活好一点儿,就是这么一种很单纯的想法。那时随时随处都能感受到勃勃生机,亿万中国人民的心情真的就是扬眉吐气、喜气洋洋。"每个中国人都憧憬着未来美好的生活,这样朴实的感情我是深有体会的。"乔羽说,"我想上甘岭的战士们也是怀着这种心情上战场的,那种感情是20世纪50年代人民大众心里最美好的东西,我把它融进歌里,再现出来。让大家唱着这支歌,享受美,创造美,珍惜美,同时就会产生一种东西——为了这美好的国家,自己得为她多做些贡献。"

正因如此,郭兰英唱这首歌才越唱越动情,一唱就是半个多世纪。

60多年过去了,《我的祖国》见证了郭兰英艺术生涯最辉煌的岁月。而在郭兰英心中,这首歌里饱含着对祖国的深情,是她内心最真实的写照,即使老去,也依旧共鸣不绝。她认为,《我的祖国》完完全全代表了她的心理,也代表着她的生命。面对采访镜头,89岁高龄的她依然目光笃定,"唱,唱给人民听,人民接受,他们会唱,这就是我的想法。"

中国音乐学院院长王黎光曾说:"郭兰英是中国民族音乐的一个奇迹,这个奇迹之所以能成功,是因为具有人民性。郭兰英先生通过向人民学习,又用歌声来讴歌人民,才能获得人民群众的喜爱。"

新中国成立以来,尤其是改革开放以来,我们国家所发生的人

民亲眼所见、亲耳所闻、亲手所触的巨变，让大家心生共鸣，艺术家们的艺术灵感和创作热情更是汩汩而出。如雨后春笋般，这片辽阔的大地上涌现出越来越多像《我的祖国》这样深入人心、传唱甚广的歌曲，也成长出越来越多像郭兰英这样可敬可爱的艺术家。为人民歌唱，为社会主义祖国歌唱，歌唱我们伟大的民族，歌唱这个伟大的时代，歌唱美好的一切！那些回荡在这 960 万平方千米土地上的经典留声，那些吟唱在近 14 亿中国人心中的动人曲调，那些印刻在全球中华儿女心中的滚烫音符，或铿锵或婉转，或深沉或奔放，都是我们可爱的人民为亲爱的祖国演绎的最真挚、最深情的旋律！

新中国成立 70 年来，中国人民书写出了气象万千的文化篇章。改革开放特别是党的十九大以来，文化的大发展、大繁荣，让国人的精神面貌为之一新，让广大人民成为文化的实践者、创造者和享有者。艺术家们坚守传统内核，突破时代局限，顺应时代发展进行创作，也使自己完成脱胎换骨的"艺术重生"，谱写出属于自己的艺术旋律，建立起真正属于自己的表现语言和艺术标准。在 5000 年灿烂文明的滋养下，在新时代改革浪潮的激荡中，以习近平同志为核心的党中央带领全党全国人民再启历史新局，更加从容自信地行进在中国特色社会主义文化发展之路上，为国家和民族发展积蓄更深沉、更持久的力量，奏响生生不息的文化乐章！

第三辑　美丽中国

奋　进

　　1932年，一个叫刘长春的中国人，发出"苟余之良心尚在，热血尚流，又岂能忘掉祖国"的呐喊，拒绝为"伪满洲国"效力，历尽艰辛，经过十几天的海上颠簸，代表中国出征洛杉矶奥运会。由于体力不支，刘长春在百米预赛中就遭到淘汰，但是作为中国奥运第一人，他的名字载入史册。

　　1984年是洛杉矶第二次举办夏季奥运会。已走过近百年历程的奥运会，终于迎来了中国人登上最高领奖台的那一刻。中国射击运动员许海峰在男子手枪60发慢射比赛中射落首金，实现了中国奥运史上金牌榜"零的突破"。

　　2004年雅典奥运会上，刘翔以12秒91的成绩夺得冠军。刘翔身披国旗，一跃跳上冠军领奖台——这已经成为中国体育史上的经典时刻。而那句充满豪气的"中国有我，亚洲有我"，不知道打动了多少人。那一刻激励着无数年少的心去勇敢地追梦。

　　如果有一支球队与时代同呼吸，和国人共命运，那么它的名字叫中国女排。这个名字早已不局限于体育界，它是无私奉献、胜不骄败不馁以及脚踏实地一步步去实现梦想的拼搏精神。直到今天，"女排精神"仍然熠熠生辉。

　　在2018年平昌冬残奥会轮椅冰壶决赛中，中国队通

过加时局以 6 比 5 险胜挪威队，奋勇夺冠。这是中国轮椅冰壶的首枚冬残奥会金牌，也是中国代表团在冬残奥会历史上的首金。

  体育，竞技拼搏精神承载着光荣与梦想，70 载的竞技之路上取得的成绩，是一个又一个运动健儿在自己的专业领域努力奋斗所创造出来的。体育强则中国强，国运兴则体育兴。伴随着一次次国旗升起，努力拼搏的中华体育精神不仅奏响了奋进的凯歌，更凝聚了力量，激扬了自信。那些荣耀时刻，那些难忘经典，刻进了国人的共同记忆，化作全民族共有的精神财富，激励着我们不断前行。

许海峰：零的突破

自从在1984年洛杉矶奥运会上为中国实现奥运金牌"零的突破"后，许海峰的名字就被镌刻在了新中国的体育史册上，成为一个重要符号，象征着中国健儿勇攀高峰的壮志凌云，也代表中华儿女向世界发出了一声豪迈的宣言。

时间定格在1984年7月29日上午11时30分，60发子弹分6组完成，出色打完2组后，许海峰第3组打得不太理想，他决定暂停休息片刻。当许海峰开始打最后1组时，其他选手基本已经完赛。决定胜负的最后3枪，场上所有目光都聚集到他的身上。最后1枪打完时，报靶员报出了许海峰569环的成绩。这个成绩应该可以获得冠军，但是许海峰并没有露出笑容，他知道最终的成绩确认还需要一些程序。直到裁判长示意成绩有效时，许海峰的脸上才浮现出了笑容。

队友王义夫只差2环，夺得铜牌。组委会没想到会有两个中国人同时登上领奖台，不得不赶紧从别处再运来一面五星红旗。时任国际奥委会主席的萨马兰奇在颁奖时对许海峰说："今天是中国体育史上伟大的一天，我为能亲自把这块金牌授给中国运动员而感到荣幸。"

许海峰回忆道，夺取金牌后第二天，有一个记者告诉他"昨天北京的各大报纸被抢购一空"。他听到以后感觉头皮都麻了，就问："有那么厉害吗？不就是冠军吗？"记者回答："你可不知

道,你这次夺冠在国内有多轰动。"

在许海峰之前,现代奥运88年的历史中颁发了2500多枚金牌,没有一枚属于中国人。

1984年洛杉矶奥运会,这是中国重返国际奥委会后,首次派出代表团参加夏季奥运会角逐。彼时的中国正处于改革开放初期,经济总量小,基础设施落后。许海峰在洛杉矶射落下奥运首金,瞬时激荡起无数中国人的爱国情怀,振奋了民族精神,也鼓舞了百废待兴中的中国。

1994年底,"老枪"许海峰正式退役,1995年开始担任国家射击队女子手枪主教练,2001年又任国家射击队总教练。做教练第二年,弟子李对红就在1996年亚特兰大奥运会女子25米运动手枪比赛中夺得冠军并创奥运会纪录。2000年悉尼奥运会,中国代表团首日一金未得,由许海峰选进国家队并指导训练的陶璐娜面对压力,在第二天的女子10米气手枪角逐中胜出,拿下了中国代表团悉尼奥运会的首金。许海峰成了中国第一位带出奥运冠军的奥运冠军。

中国从奥运赛场上金牌"破零",到如今成为夺金大户,许海峰经历了中国体育事业腾飞的过程,同时也见证了改革开放给中国社会带来的巨大变化。在他刚开始练射击的时候,一个省队只配备得起两把进口枪,冬训没有取暖设备,他需要握着一把冷冰冰的枪,在室外训练一整天,长了无数疼痛难忍的冻疮。"在国家队冬训的时候,我们拿木板围起来,里面生个火炉,就这么练。"许海峰说。与那时相比,如今队员们的训练条件相当优越,训练时不必再数着子弹省着打,出国比赛的机会也比以前多了许多。

做运动员时改写历史,"一枪"射落奥运会首金;做教练员时屡创佳绩，培养出多位奥运冠军；做管理者时造就突破，与时俱进。尽管身份不断发生变化，许海峰却一直活跃在中国体育事业的舞台上。2018年12月18日，中国改革开放40周年之际，党中央、国务院授予许海峰"改革先锋"称号，颁授改革先锋奖章。2019年9月25日，许海峰获评"最美奋斗者"。

刘翔：光荣与梦想

"亚洲人不适合短距离田径""田径项目是黑人的强项"，这是西方人的共识，而"飞人"刘翔的横空出世，直接打破了全世界观众的认知，原来中国人也可以在短距离田径项目上傲视群雄。

2004年8月27日，雅典奥运会男子110米栏决赛现场，刘翔以12秒91平世界纪录的成绩冲过终点线，夺得奥运会金牌，成为中国田径项目上的第一个男子奥运冠军。

"12秒91！刘翔跑平了世界纪录！一个黑头发黄皮肤的世界田径冠军诞生了！"伴随着解说员激动的声音，雅典奥运会田径赛场已经是一片沸腾的海洋。

在赛后采访中，刘翔披上鲜艳的五星红旗向观众们致意，他含着激动的泪水哽咽着对镜头说："谁说黄种人不能拿到奥运前八名，我今天一定要证明给大家看，我是奥运会冠军！"

此前，男子110米栏一直是欧美运动员的天下，从来没有一个黄种人能站上这个项目的最高领奖台。不到13秒的时间，历史已经被改写。刘翔用无懈可击的表现颠覆了黄种人短距离田径项目空白的历史，开启了中国乃至亚洲的新篇章，成为驰骋在男子110米栏

我和我的祖国
WO HE WO DE ZUGUO

最巅峰的黄种人。那一刻,他身披荣光,让全中国为之振奋,让国歌奏响,让五星红旗高高飘扬。那一刻,所有中国人都能感受到从心底里油然而生的自豪感。"中国有我,亚洲有我!"

《日本经济新闻》将刘翔的成功称为亚洲奇迹,说他给整个亚洲带来了希望。美国《时代》杂志把刘翔放上封面,一张黄皮肤的脸庞,眼神坚毅地望向远方。

刘翔7岁便开始与田径结缘,但在13岁才真正开始练习跨栏,天赋出众的他同年便获得了上海市少年田径锦标赛乙组冠军,这是刘翔人生中第一个跨栏冠军。16岁入选了国家队后,刘翔似蛟龙入海,逐渐开始崭露锋芒。3年内,他拿到了全运会、大运会、东亚运动会3项金牌。

2002年，刘翔参加了一场对他影响极大的比赛——在法国里尔举行的世界室内田径锦标赛，选手中单是美国人就占了一半，站在起跑线上的19岁的刘翔丝毫没有引起人们的注意。发令枪响后，一名美国选手因跌倒退出比赛，刘翔跑入前三。结果，刘翔却被判"中途退出"。后来凭借孙海平DV里记录下的比赛画面，裁判才修改了比赛结果。这场比赛让刘翔不仅领教了裁判的傲慢，更看到了中国田径与世界田径的距离。他暗暗立下誓言，总有一天，要让世界看到中国人站在冠军的领奖台上。很快，他做到了。

在2002年瑞士国际田联大奖赛上，刘翔跑出13秒12的成绩，打破男子110米栏保持长达24年之久的13秒23的世界青年纪录。从此刘翔开始在世界大赛上不断地过关斩将。直至2004年8月雅典奥运会，刘翔以12秒91的成绩打破奥运会纪录，追平了当时的世界纪录而震惊世界，一举成名。

2006年7月，国际田联超级大奖赛瑞士洛桑站，刘翔继续保持良好的状态，突破自我，以12秒88的成绩刷新了尘封13年之久的世界纪录，夺得金牌。该项目原世界纪录是由刘翔和英国名将科林·杰克逊共同保持的12秒91。

2007年，刘翔再次以12秒95的成绩夺冠，成为集奥运会冠军、世锦赛冠军、世界纪录保持者于一身的男子110米栏大满贯得主。对于亚洲运动员而言，想要实现110米栏大满贯的难度，可能比打破博尔特百米9秒58的世界纪录还要大。至此，再也没有人把刘翔的成功当成偶然。

刘翔成了国人的骄傲，人们对他的期待值也达到了巅峰。所有人都期待刘翔在2008年北京奥运会上再次为祖国斩获金牌。北京奥运会男子110米栏预赛当天，很多人早早就守候在电视机前等待刘

翔出场,但谁也没想到,刘翔在比赛前试跨的时候,只跨了两个栏就痛苦地蹲了下来。在比赛正式开始后,刘翔在第一栏就停了下来,然后一瘸一拐地走回了起点,撕下了腿上的号码布——尽管所有人都不敢相信眼前这一幕,但刘翔因伤不得不放弃比赛。其实,在北京奥运会之前,刘翔就被查出有脚伤。但刘翔没有放弃,坚持参加比赛。2008年北京奥运会结束之后,受到伤病困扰的刘翔,依然保持极高的水准,他一度跑出了12秒87的成绩,还在2012年重新登顶世界排名。

2012年伦敦奥运会,就在所有人都期待刘翔能夺回属于自己的金牌的时候。遗憾再一次来袭,刘翔在预赛跨越第一道栏时摔倒,跟腱断裂,他没能冲向终点线。

带着诸多遗憾,2015年,刘翔在退役仪式上表示:"在我个人职业运动生涯中,碰到困难、挫折和对手时,我从来没有退缩过、逃避过、害怕过……但伤病困扰让我感觉心有余而力不足……我心中有很多的不舍,不舍这条跑道,不舍那10个栏架,更不舍支持我、陪伴我一路前行的朋友们……"

短距离直道项目是最能够体现爆发力的项目,而田径运动水平直接体现了一个国家竞技体育实力的强弱,刘翔是我国田径运动不折不扣的骄傲,从2000年至2012年,刘翔参加了超过48场世界级重要田径赛,获得过36次冠军,1次跑平世界纪录,1次打破世界纪录,5次打破亚洲纪录,3次打破亚运会纪录。"翔飞人"曾给中国体育带来无数感动和希望,虽然目前已经退役,但是作为黄种人田径史上的巅峰,他永远不会被忘记。刘翔的老对手大卫·奥利弗曾评价刘翔:刘翔是伟大的运动员,每一次来到赛场,他都会把最好的状态呈现给他的对手,呈现给所有的观众。

是刘翔让十重栏杆不再是东方人的障碍，这个风一样的年轻人，也是一个正在加速的民族的一个缩影。

女排精神：爱拼才能赢

有一个词语时常伴随着中国女排出现——女排精神。

20世纪70年代末，中国女排以"滚上一身泥，磨去几层皮，苦练技战术，立志攀高峰"的志气，以没有球网就用竹竿代替、没有臂力器就和对手比力气、没有创可贴就用胶布粘贴的行动，全身心投入训练，用一个又一个世界冠军，振奋了一个时代。就像女排队员陈招娣所说：有些人的青春，是在花前月下度过的，而我们的青春却在紧张、激烈的旋律中度过。

1981年11月，在日本大阪举行的女排世界杯比赛中，随着"铁榔头"郎平一记重扣，中国女排以7战全胜的好成绩最终获得冠军。女排姑娘们抱头痛哭，这是中国女排第一次登上冠军之巅，也是中国"三大球"首次拿到世界冠军。蓦然回首，1981年的夺冠影像记忆在人们心中丝毫没有泛黄，那一天多少人在电视机前热泪盈眶，高呼"中国万岁，女排万岁"！

1986年世锦赛，中国女排势如破竹以8战全胜夺冠。中国女排实现在世界大赛的五连冠，开创了我国"三大球"翻身的新篇章。从此，女排精神在神州大地广为传颂，成了中国人民的骄傲。"中国女排"这几个字在当时代表的不仅是世界女子排球竞技的最高水平，对于许多国人来说，那也代表一个用拼搏、热血、伤痛、泪水铺就的黄金时代。尽管其间经历众多挫折和磨难，但是中国女排的拼搏

精神一直洋溢在国际赛场,在最艰困的情况下,她们一次次奋起没有丝毫退缩。女排的五连冠敲响了"团结起来,振兴中华"的战鼓,激发起人们滚烫的爱国热情,聚合起全国人顽强拼搏、建设国家的磅礴合力。

2003年,陈忠和执教的中国女排在日本大阪世界杯赛场以11连胜夺取阔别17年之久的世界冠军。

2004年,中国女排在雅典奥运会决赛中,在先天两局不利的情况下,连扳3局,逆转俄罗斯女排,再次获得奥运会女排冠军。

2016年8月,中国女排队伍在里约奥运会小组赛中接连失利,跌跌撞撞才晋级,交叉赛越战越勇,一路拼搏,终于在决赛中以3比1战胜塞尔维亚队,夺得冠军。夺冠后,无数中国人和她们一起,激动得彻夜难眠。这是中国女排在时隔12年之后,再次夺得奥运会金牌。这场荡气回肠的逆袭之战,让万里之外的中国观众无不动容,她们顽强的意志和高超的技能完美地诠释了为国争光的中华体育精神和更高、更快、更强的奥林匹克精神。

习近平总书记在会见第31届奥运会中国体育代表团全体成员时,对中国女排及她们身上所彰显的精神提出赞扬。他说:中国女排不畏强手、英勇顽强,打出了风格、打出了水平,时隔12年再夺奥运金牌,充分展现了女排精神,全国人民都很振奋。

有过五连冠的辉煌,也有过连续17年无缘世界冠军的低迷。但中国女排始终没有气馁,更没有放弃,在逆境中奋起成长。在低迷期,女排能再次夺回世界冠军,离不开郎平教练辛勤地付出。她曾与美国名将海曼、古巴名将路易斯并称20世纪80年代世界女排三大主攻手。在中国女排最需要、祖国最需要的时候,她放弃个人利益,回国担任教练,肩负起国人的期望与重任。带领中国女排实现一个又一个辉煌。郎平执教的这些年里，她给女排精神注入了新的内涵——

创新的管理、科学的体系。

面对人员老化、打法落后的队伍，郎平教练提出了组建大国家队的想法，每次集训都有二三十人，每年集训会把每个位置给四五个国内队员竞争，不仅给更多球员提供了机会，也能保证留下来的队员是状态最好的。在联赛中表现出色的年轻队员几乎都获得了到国家队一展身手的机会。她同时安排专人负责排球数据分析软件的应用，对每个对手比赛中的数据进行提取分析和归纳，增加了战术的针对性和准确性。不拘一格选拔人才，科学数据管理使得女排应战更为从容高效。这让女排队伍不断成熟。

何为女排精神？里约奥运会夺冠后，郎平给女排精神的定义是："女排精神不是赢得冠军，而是有时候知道不会赢，也竭尽全力。"女排精神并没有格式化的文本定义，但它融入球队和球员的每一次训练中。中国女排在2004年雅典奥运会、2016年里约奥运会都上演过绝地逆转的奇迹。女排精神从未消退过半分，无论形势多严峻，她们总会咬紧牙关拼到底，永远保持奋进的姿态。

女排精神为体育事业的发展带来了经验和启示，也为竞技体育的未来带来了新的方向。当下的中国已无需用金牌去证明自己的强大，但当下的我们更需要去理解品味女排精神。无私奉献、团结奋斗、顽强拼搏、勇攀高峰的女排精神是民族精神和时代精神的完美结合，这些所蕴含的意义早已超出竞技体育的范畴，深深激励并扎根在每个中国人心中。

冬残奥会：追梦赤子心

《奥林匹克宪章》中有这样一段话："每一个人都应享有从事体育运动的可能性而不受任何形式的歧视，并体现相互理解、团结和公平竞争的奥林匹克精神。"这就是残奥会的意义所在。没有媒体大肆地宣传报道，没有粉丝声嘶力竭的呐喊助威……但残奥会运动员们，依旧默默地努力着，不断刷新着一项又一项世界纪录。

拔杆，俯身，深呼吸！凝神，屏息，稳推杆！

在2018年平昌冬残奥会轮椅冰壶赛上，中国队先是在半决赛中以4比3险胜加拿大队，又在决赛中以1分绝杀，6比5战胜挪威队，收获中国冬残奥会首枚奖牌的同时站到了冬残奥会的最高领奖台上，成了有史以来第二个获得轮椅冰壶金牌的国家。喜极而泣的队员们将鲜艳的五星红旗高高举起，全场欢声雷动！

这是一场令人窒息的比赛！两队比的是技术，但更多的是比心理。从2002年到2018年，这枚金牌让中国等了16年。2007年国家委托黑龙江省残联组建轮椅冰壶队。一直到2014年索契冬残奥会结束，中国都只有这唯一的一支轮椅冰壶队。那时国内连健全人的冰壶训练都几乎是在摸着石头过河，轮椅冰壶要如何训练更是无从知晓。轮椅冰壶运动员必须坐在轮椅上进行比赛，比赛采用和健全人同样的规则，由于身体条件的限制，他们只能靠着上半身的力量将冰壶投出，并且不能通过擦冰来为冰壶创造一个良好的滑行线路，这对他们技术的要求是极高的。

出征平昌的中国轮椅冰壶队三垒队员陈建新来自北京延庆。最后一场加时赛时，位于三垒位置的陈建新发挥出色，推出了自己本次比赛的最后一球，帮助队伍在加时赛拿到宝贵1分。"有了有了！"

随着陈建新的呼喊声，他打出的冰壶稳稳地落在了"大本营"内，"漂亮！"随着全场的欢呼声，这枚金牌落入囊中。

陈建新今年 26 岁，因为一场车祸而造成了高位截瘫，在认识了冰壶运动之后，这个大男孩又重新找回了乐观和豁达。对于陈建新来说，难的不仅是战术，还有冰壶运动对身体的挑战。由于下肢没有知觉，所以长时间的训练常常让他的双脚承受冻伤之痛。经过 4 年的艰苦训练，陈建新在冰壶场上"立住了脚"。经过不懈努力，陈建新已经成了北京轮椅冰壶队的指挥，发挥着冰壶教练的部分职能。陈建新心中还有一个梦想，那就是在家门口继续逐梦奥运赛场。"2022 年北京冬奥会、冬残奥会将在北京举行。"陈建新说，"我特别期待能在北京的冬残奥会上再夺金牌，完成我的梦想，为祖国争光。"

在奥运会上，我们看到的是人冲破体能的极限；在残奥会上，我们还能看到人类冲破精神的极限！在轮椅冰壶队员们身上，我们可以看到人类精神的闪光点：不卑不亢，勇于拼搏。成绩和纪录的背后有残疾人运动员无数的汗水，多少人忍受伤痛奋力争先，多少人的肌肤磨破了，鲜血和衣服黏结在一起……残疾人运动员在赛场上表现出的顽强和乐观，是对奥林匹克精神的最好解读和最美体现。

体育，一直是祖国强健的根基。而今，我们站在了体育强国的行列中。体育健儿们坚守为国争光的梦想，永葆求新求变的精气神，用扎实的专业素养提升实力，以开放包容博采众长，靠苦干巧干赢得竞争，这是新时代体育精神的丰富内涵所在，也是新时代的中国人奋勇拼搏的底气所在，力量所在。

生 态

伴随着社会经济的发展,自然向人类发出的警告也越来越响亮。人类在工业文明前行的路途中,是否忽略了什么,遗落了什么?

联合国人类环境会议于1972年6月5日在瑞典首都斯德哥尔摩举行,会议通过决议将每年的6月5日定为"世界环境日"。但人类不能仅仅在世界环境日这一天,反思人类对环境问题的认识和态度,回味许多年前那片浓浓的绿,那片明净高远的蓝天。

中国,作为地球大家庭的一员,没有忘记自己的责任和义务,积极参与到世界环境保护的活动中,呼吁全世界一起改善我们共同的家园。

40多年过去,我们不会忘记:植树造林22年,绿了荒山,白了头发,奉献到生命最后一天的杨善洲,那些将宝贵的生命奉献在保护区的科学家们,还有那些保护可可西里藏羚羊的志愿者们……

党的十八大以来,我国推动生态环境保护的决心之大、力度之大、成效之大前所未有,大气、水、土壤等污染防治行动成效明显。

祖国的天变蓝了,水变清了,大地变绿了。

追寻明净的蓝天碧水

十几年前的北京,白天,天空是灰蒙蒙的,晚上,城市里雾气弥漫。第二天,雾气也不见散去,天空仍然是灰蒙蒙的。时不时还有沙尘暴袭击,整座城市看起来都是灰色的。

北京的环境质量和空气质量越来越差,沙尘暴、光化学烟雾等环境问题也时有发生。为了迎接奥运会,为了市民的健康,北京开始实施"蓝天计划",推出各种举措提高空气质量,让蓝天重回北京。

2005年北京实现了全年230个"蓝天";2007年全年有246个"蓝天";2008年提前1个月完成了全年的"蓝天指标",中国向世界展现了一个绿色、健康的北京奥运会。

为了重新唤回明净的天空,2000年,内蒙古乌海市海勃湾地区开始实施"跨世纪蓝天计划"。8年后,海勃湾地区又开始实施"蓝天工程"。

这8年的时间,海勃湾地区与"天"较上了劲。"跨世纪蓝天计划"实施之初,是那样艰难曲折,极为不易。从宣传、教育、解释,到走街串户地说服动员;从入城口设卡监管,到对居民煤仓的把守,无不倾注大量的人力、物力、财力,耗了很多心血和汗水。

经过不懈努力,"跨世纪蓝天计划"终于取得了阶段性成果:2007年,空气质量二级和好于二级的天数达到265天。这是一个可喜的数字,这是一个令人欣慰的改变。人们亲身体会到,天变蓝了,

空气不那么呛人了。

从"跨世纪蓝天计划"到"蓝天工程",不仅仅是变了名称,更重要的是它意味着环境保护工作在向更深更广的方向前行,意味着我们每个市民更加关注环境,更加关爱自然。

2008年9月6日,我国环境一号卫星A星、B星在太原卫星发射中心被长征二号丙运载火箭成功送入太空。这两个卫星大家庭中的新成员将为地球源源不断地传送大地环境的信息,包括大气环境,湖泊、河流和海洋环境,重要生态功能区环境,自然保护区环境,城市环境等等。这是我们建立天地一体化的环境监测体系中非常重要的一步,对我们提高环境保护和预防自然灾害的能力大有帮助。

2009年5月31日,青岛市城阳区红岛街道休闲渔村沿海,白色的海浪一阵又一阵撞击着连绵不断的海岸线,5月的阳光洒在起伏的波涛上,泛起层层耀眼的金色光芒。作为一个旅游胜地,这里的景色是美丽的,然而人们也不时会看到那些漂浮在海面上的"不速之客",比如散落在沿岸的塑料袋、易拉罐……这些被人们留下的垃圾破坏了美丽的景色。

在这片蓝色海岸的一角,来自社区、企业、学校和汶川灾区的50名环保志愿者在红岛街道休闲渔村游览区及沿海一线近1000平方米的海滩上,捡拾被人们随手扔在地上的纸片、水瓶等,清除近岸海域的漂浮物……他们将这些垃圾分门别类,用塑料袋装好,并称重做好记录。这些记录将为有针对性地制定和实施海洋污染防治措施提供依据。

我国五大淡水湖之一的洞庭湖位于长江中游,被称为"长江之肾"。然而,监测数据显示,2003年至2013年,洞庭湖的劣五类水质占比从0增加到5%,洞庭湖生态环境在迅速恶化。湖南人民打响洞庭湖生态环境保卫战——叫停挖沙，关停造纸等污染企业，拆除养殖网箱……八百里洞庭浩浩汤汤的壮观景象逐渐重现。

从洞庭湖到鄱阳湖，从滇池到太湖，鱼翔浅底，碧波荡漾，一幅幅优美图景展现着近年来我国大力推进生态文明建设的成果。

建设生态文明，关系人民福祉，关乎民族未来。党的十八大把生态文明建设纳入中国特色社会主义事业"五位一体"总体布局，明确提出大力推进生态文明建设，努力建设美丽中国，实现中华民族永续发展。

党的十九大报告提出，必须树立和践行绿水青山就是金山银山的理念，坚持节约资源和保护环境的基本国策。

2018年3月11日，第十三届全国人民代表大会第一次会议通过《中华人民共和国宪法修正案》，生态文明正式写入国家根本法，实现了党的主张、国家意志、人民意愿的高度统一。

习近平总书记说："我们要以更大的力度、更实的措施推进生态文明建设，加快形成绿色生产方式和生活方式，着力解决突出环境问题，使我们的国家天更蓝、山更绿、水更清、环境更优美，让绿水青山就是金山银山的理念在祖国大地上更加充分地展示出来。"

保护环境和我们每个人的生活息息相关。环保离我们并不远，它就在我们身边。在一个漏水的公共水龙头旁，有人为它绑了一根粉红的绳子，那光鲜的色泽瞬间触动人的心灵，让人感觉友好、温馨；在行人来来往往的公路旁，一个女孩捡起了被扔在地上的塑料袋，顺手将它丢进垃圾箱……

这些细节告诉我们，我们的脚步再匆忙，也可以为环保稍稍出一份力。关注我们自身，关注我们与环境的和谐。这是从未有过的一种新的社会面貌，一种新的气象。

我和我的祖国
WO HE WO DE ZUGUO

描绘一片绿色的大地

春回大地时雀跃而生的嫩芽，炎炎夏日里那遮云蔽日的大树……绿色让人感觉新鲜、朝气、生机勃勃。

而多年前，我国由于盲目毁林开垦和进行陡坡地、沙化地耕种，造成了严重的水土流失和风沙危害，洪涝、干旱、沙尘暴等自然灾害频频发生，人民群众的生产、生活受到严重影响，国家的生态安全受到严重威胁。

1999年，四川、陕西、甘肃3省率先开展了退耕还林试点工作，由此揭开了我国退耕还林的序幕。退耕还林是从保护和改善生态环境出发，将易造成水土流失的坡耕地有计划、有步骤地停止耕种，因地制宜地植树造林，恢复森林植被。

退耕还林工程建设包括两个方面的内容：一是坡耕地退耕还林；二是宜林荒山荒地造林。

2002年1月10日，国务院西部开发办公室召开退耕还林工作电视电话会议，确定全面启动退耕还林工程。

退耕还林成为我国实施西部开发战略的重要政策之一，其基本政策措施是"退耕还林，封山绿化，以粮代赈，个体承包"。

国家实行退耕还林资金和粮食补贴制度，按照核定的退耕还林面积，在一定期限内无偿向退耕还林者提供适当的补助粮食、种苗造林费和现金（生活费）补助。

黄河流域以及其北方地区，每亩退耕地每年补助原粮100千克、现金20元，还生态林的至少补助8年，还经济林的补助5年，还草地的补助2年，每亩退耕地和宜林荒山荒地补助种苗造林费50元。政策实施后，人们积极响应。

20世纪60年代，云南省保山市施甸县的经济社会发展滞后，当地农民缺衣少粮，就开始大规模毁林开荒。原本翠绿的大凉山生态遭到极大破坏，山石裸露，山间溪流逐年减少乃至枯竭，当地农民饮水大多要到几千米外的地方人挑马驮，周边十几个村也陷入"一人种三亩，三亩吃不饱"的贫困境地。

为了增加粮食产量，村民只有进一步开荒增加耕种面积，导致生态环境急剧恶化。

杨善洲的家乡在保山市大凉山脚下。他于1952年加入中国共产党，担任地委领导近20年，工作35年，始终保持艰苦朴素的本色，廉洁奉公，全心为民，勤奋工作。杨善洲退休后，说："我要回到家乡种树，为家乡百姓造一片绿洲。"

有人劝他："你到别处去种吧，这地方连野樱桃和檽木树都不长。"然而，杨善洲创办林场的设想和决心没有动摇。他请县林业部门的领导和科技人员到大凉山上多次调查研究。他们带着帐篷，风餐露宿，徒步24天，对姚关、旧城、酒房等地进行了调查。经过调研，杨善洲坚定了改变大凉山面貌、种树扶贫的决心。

大凉山造林指挥部成立，杨善洲亲自担任指挥长。当晚，他们在用树枝搭建起的简易帐篷里，围着火塘召开了第一次造林会议，把林场职工分成宣传动员、整墒、育苗3个小组，要求抢在5月份雨季来临前育下能种万亩以上的树苗。

他们没有钱购买家具，就地取材，自己动手做办公桌、板凳、床铺。晚上照明没有电，每人买一盏马灯。在艰苦的条件下，大家坚持着植树造林的梦想。

初建林场时，他们好不容易种活了将近3万亩华山松，可是，有近400亩松树被一种叫紫荆泽兰的毒草侵扰死了。杨善洲鼓励职

工不要泄气，振奋精神种树。

随着改革开放的深入，杨善洲想到大凉山林场要发展壮大，必须改变传统单一的经营方式，应进行多种经营。他感到仅仅种植华山松不能产生效益，林场要以林养林，要提高经济效益。于是，他们从广东、福建等地引种龙眼树苗，开辟了龙眼水果基地。

他们从中得到启示，又建立了茶叶生产基地。有一年，茶树长得有半人高了，没想到发生了鼠患，一只只肥大的老鼠几夜之间就把2/3的茶树啃死了，眼看着人们辛勤照看的茶园毁于一旦。

面对这些挫折，有的人畏缩了，但杨善洲没有被困难压垮。他鼓励大家，茶园毁了可以重新种植，人的精神垮了，事业就真正完了。在他的鼓舞下，林场职工始终没有在困难面前低头。

2009年9月至2010年5月，保山市遭遇了百年不遇的特大干旱。由于大凉山的植被非常好，涵养的水源多，水量充裕，周边群众的生产生活用水仍然充足。

杨善洲这样一干便是22个春秋，他带领大家植树造林7万多亩，使林场林木覆盖率达87%以上，把昔日的荒山变成了生机勃勃的绿色天地，使当地恶劣的自然环境得到明显改善。他还带领工人们修建了18千米长的林区公路，架设了4000多米的输电线路，使附近村寨的农户都通电通路。

2009年4月，杨善洲将价值超过3亿元的大凉山林场经营管理权无偿移交给国家。大凉山的生态修复使一些濒临灭绝的动植物得到保存。现在，林场珍稀动物有黑熊、豹子、猕猴、凤头鸟、野鸡等，植物有桫椤、银杉、楠木、白杏、雪松等。通过合理采收山里的干巴菌等山珍，人们还能实现增收。

植树造林是生态修复的重要措施，是实现蓝天、绿地、净水的重要途径。一株株树苗安了家,星星点点的绿色在大地上不断地汇聚、壮大,那是生命的颜色在生长、扩大。这项绿色民生工程,你我都是法定的参与者。

1978年,宪法首次对环境保护作出规定:"国家保护环境和自然资源,防治污染和其他公害。"奠定了环保事业的发展基础。

1979年,第五届全国人大常委会第六次会议决定将每年3月12日设为植树节。这一天,全国各地的人都会举起锄头、拿着铁锹去挖坑、种苗、培土、浇水,种下一棵棵希望之树……

从"植树造林绿化祖国"到"绿水青山就是金山银山",这片满是奇迹的土地正愈合着伤口,绽放着美丽。

近20年，地球新增加了5%的绿化面积，相当于多出了一整块亚马孙雨林，其中有1/4要归功于中国绿地面积的增加。

自然保护区的故事

4000年前，中国有世界上最丰富多样的生物资源。这片土地以其丰饶的生物多样性，支撑着世界的1/4以上人口的繁衍生息。起初，在山林原野间采摘游猎的人类只留下轻轻的足印。

而距今1000年前，随着农耕的发展，越来越多的植被遭到破坏，人类对环境的影响开始急剧增大。20世纪，工业化进程加速了自然环境的恶化。

近些年，亚洲象已被逼退到西南边陲，华南虎、白鳍豚濒临灭绝。数百种物种已经绝迹。生物学家估计，中国40%的哺乳动物物种处于濒危状态，70%~80%的植物物种受到威胁。

干旱、水灾、空气污染……人们开始意识到生态环境的重要，逐步建立了一个个国家级的自然保护区。

1956年，我国建立了第一个国家级自然保护区"鼎湖山国家级自然保护区"。面积1133公顷，最高海拔1000.3米。鸡笼山的山顶有一个湖，传说是黄帝打败蚩尤，在此铸鼎，故称鼎湖。从山麓到山顶，自下而上分布着沟谷雨林、常绿阔叶林、亚热带季风常绿阔叶林等多种森林类型，被誉为华南生物种类的"基因储存库""绿色宝库"和"活的自然博物馆"。又因北回归线穿过的地方大都是沙漠，而鼎湖山因其终年常绿，被誉为"北回归线上的绿宝石"。

1994年，国家建立了珠穆朗玛峰自然保护区，主要保护对象为高山、高原生态系统，面积338.1万公顷，保护区具有丰富的水能、光能和风能资源，以及由独特的生物地理特征、奇特的自然景观和民族文化、历史遗迹构成的重要的旅游资源。

珠穆朗玛峰自然保护区的科学价值无法估量，是研究高原生态地理、板块运动和高原隆起及环境科学、社会科学等学科的宝贵的研究基地。

可可西里国家级自然保护区，气候干旱寒冷，自然条件恶劣，人类无法长期居住，被称为"世界第三极""生命的禁区"。然而正因为如此，该地区给高原野生动物创造了得天独厚的生存条件，成为"野生动物的乐园"。

索南达杰，曾任青海省玉树藏族自治州治多县县委副书记。1992年，他组织成立中国首支武装反盗猎队伍——治多县西部工作委员会，俗称"野牦牛队"。他12次进入可可西里，多次抓获非法持枪盗猎集团。

1994年1月18日，年仅40岁的索南达杰押送盗猎分子行至太阳湖附近，不幸遭歹徒枪杀。遗体几天后被发现，他在牺牲时仍保持着换子弹的姿势。索南达杰的死震惊了社会各界。他牺牲后的第二年，可可西里省级自然保护区成立。

以索南达杰命名的纪念碑和自然保护站，至今仍屹立在可可西里凛冽的寒风中，吟诵着英雄的故事。英雄并非一个人在战斗，纪录片导演彭辉在微博上写道："请在怀念索南达杰的同时，记住他们——扎巴多杰和他的野牦牛队。"

索南达杰的妹夫扎巴多杰，是西部工委第二任书记。1995年，他主动离开玉树州人大法制委员会副主任的岗位，一头扎进"生命禁区"，接过索南达杰的枪。他带领野牦牛队，在方圆4.5万平方千

米的可可西里巡逻，和全副武装的偷猎者激战，与残酷的生存环境搏斗。扎巴多杰率野牦牛队破获了62起盗猎案，抓获240名盗猎分子，搜出藏羚羊皮3180张。

自1995年起，由环保志愿者杨欣发起的"保护长江源，爱我大自然"活动小组多次前往可可西里地区，进行考察并参加建设保护站，并和扎巴多杰联络，共同讨论保育藏羚羊的事宜，寻求国际援助。

1998年11月8日，46岁的扎巴多杰不幸去世。据说，他是在家附近遭受了枪击报复，但野牦牛队的工作并未中断。2001年，野牦牛队的全部工作职能移交给可可西里国家级自然保护区。

2003年，陆川执导的电影《可可西里》上映，在国内外引起强烈反响，获得法国国际环境电影节大奖。《可可西里》讲述了20世纪90年代中期发生在中国西藏高原藏羚羊猎杀者与保护者之间殊死较量的故事。荒凉的戈壁，大片的风沙和白色的风雪，以及平凡而勇敢的一群人。他们有着沧桑的疲惫的黑脸膛，连皱纹里也布满了灰尘，乱糟糟的头发，穿着粗布衣服。

可可西里是美丽而神秘的，同时也是残酷的。它会毫不留情地吞噬生命。这意味着，他们走进了可可西里，可能再也不会回来。他们死在哪里都不会有人知道，如同一粒尘埃消失在这个世界上，不会有人记得他们，但他们还是义无反顾地走进可可西里。

志愿巡山队，到底在坚持什么呢？他们放弃爱情和工作，甚至是生命，自发承担保护藏羚羊这项使命，跟艰难的现实、恶劣的环境、残暴的盗猎分子做斗争。

1995年，国家批准成立"可可西里省级自然保护区"，在1997年升格为"可可西里国家级自然保护区"。它是目前世界上原始生态环境保存最完美的地区之一，也是目前我们建成的面积最大、海拔最高、野生动物资源最为丰富的自然保护区之一。

让我们行动起来，保护野生动物；让我们站出来，保护自己的家园；让我们用双手，多种一棵树，让大地更绿，天更蓝，水更清。

雪域高原上的种子

种子，意味着繁衍和希望。有一位科学家，16年跋涉在雪域高原，采集和保护珍稀的植物种子，也播撒下科学和人才的种子，直到生命最后一刻。他的名字叫钟扬。

钟扬出身教师家庭，他总是说，在妈妈肚子里他就经常上讲台了。2000年，钟扬应邀到复旦大学生命科学学院任教。第二年，他开始对青藏高原物种进行研究，也把这种教育情结带到了那里。

他选择的是比较冷门的青藏高原物种研究方向并坚持了16年。他长期致力于生物多样性研究和保护，率领团队在青藏高原为国家种子库收集了数千万颗植物种子；他为西部少数民族地区的人才培养、学科建设和科学研究做出了重要贡献。

身高1.8米，体重100千克，患有高血压和痛风的钟扬，最高上到过海拔5400米的地方，他和学生采集了上千种特有植物、4000万颗种子，这些都成为国家重要的生态安全储备资源。

钟扬帮助西藏大学完成了几项第一：第一个国家自然科学基金项目，第一个生态学硕士点、博士点。他一年要往返内地和西藏之间几十次。有一次上午刚到达拉萨，下午借了一件衣服，就赶往那曲观测站做指导，那儿的海拔比拉萨高700米，气温要低20多度。

在高原上，这种高频率、快节奏的环境变化对人体的危害很大。

有一次在家里，他的双胞胎儿子在讨论心脏知识。钟扬插了一句话，说："那你们知道爸爸的心脏每分钟跳了多少下吗？是40几下。"两个孩子愣住了——这是一个危险的数字。

2015年，钟扬突发脑溢血住院抢救，医生禁止他再上高原。可仅仅10个月后，他瞒着家人又来到西藏。他曾对同事说，趁着还能上高原，想多做点儿事。

2017年9月25日，钟扬在去内蒙古讲学途中，因车祸不幸遇难，年仅53岁。钟扬走后，全家一致决定，捐出全部138万车祸赔偿金，设立一个培养西部民族地区人才的专项基金。就在钟扬去世前几天，国家正式公布高校双一流建设名单，他所牵头的生态学成为西藏大学唯一入选的学科。

2018年4月，中宣部追授钟扬"时代楷模"称号。

开 放

改革开放 41 年风云激荡，41 年砥砺奋进，41 年春华秋实，41 年飞越万重山。改革开放的浩荡浪潮，让中国融入广阔世界，让世界发现新的中国，这艘"中国号"巨轮正胜利驶入崭新而宽广的天地。

时代发展的壮美画卷上刻画出的，是最动人的奋斗者的姿势。高尚全先生坚持一辈子做一件事、敢于说真话，矢志不渝投身于经济体制改革，成为现代中国经济体制改革奠基者之一。袁庚探索创立了"蛇口模式"，提出了"时间就是金钱，效率就是生命"的口号，发出了改革开放中"冲破思想禁锢的第一声春雷"。马云居安思危，开拓创新，自主研发云操作系统，成功领航数字经济。

改革不停顿，开放不止步。以习近平同志为核心的党中央，正以深谋远虑的战略眼光，海纳百川的宽广胸怀，勇立潮头的非凡勇气，层层推进的扎实作为，引领中国向世界敞开怀抱，同各国携手并肩，与全球同频共振，开辟深层次、全方位开放的崭新局面。

一生专注做一件事

改革开放以来,中国创造了持续经济几十年高速发展的奇迹。在众多创造这一奇迹的人中,有一个人我们不能不提,更不能忘记,他就是中国经济体制改革研究会会长高尚全。

1929年,高尚全出生在上海嘉定县。念完小学,来自农村的他原本没有条件再继续学业。族里有个亲戚自己开了工厂,他看高尚全资质不错,便资助他继续上学。高尚全没有辜负他的期望,考上了有"东方哈佛"之称的圣约翰大学。这所大学有当时国内最先进的教学方法、新颖的教育理念、活跃的人文氛围,培养出了一大批具有社会影响力的人物,比如林语堂、邹韬奋、贝聿铭、周有光、荣毅仁等。高尚全在这儿学到了让他受益终身的独立思考能力。

1956年,高尚全已经在第一机械工业部工作了。他通过自己观察到的一系列现象反思背后的原因,发现国内企业缺乏自主权。于是,他写了一篇文章《企业要有一定的自主权》发表在《人民日报》上。这篇文章引发了各级部门和企业界的关注。中央人民广播电台播发这篇文章时,当时的第一机械工业部副部长汪道涵收听了,对他很有几分赞赏。高尚全很受鼓舞,更加深入地思考国内的经济问题以及国家的经济体制改革。

后来,高尚全进入国家经济体制改革委员会,他深入各地调研,学习经验的同时发掘问题,积极总结思考。这些都为他日后极力主张市场化改革奠定了坚实的基础。

第三辑 美丽中国

　　1982年9月，中共十二大召开，提出"计划经济为主、市场调节为辅"的原则，在党的文件中第一次看到对"市场"的提及，为接下来的经济体制改革奠定了基础。1984年9月，北京西苑饭店的一场大讨论为中央决策提供了重要的参考。这次研讨会正是由高尚全等人发起的，他当时是国家经济体制改革委员会调研组组长兼中国经济体制研究所所长。童大林、蒋一苇等数十名来自改革前沿的研究者针对中国要不要搞商品经济这个问题畅所欲言。之前在参与中共十二届三中全会文件起草的过程中，高尚全曾主张把"商品经济"写到文件中，却遇到了不小的阻力，而经过共同讨论之后，大家认为商品经济是社会主义经济发展的必经阶段。很快，这次讨论的结果就形成了一份重要报告，引起中央的高度重视。后来，商品经济这个概念就被吸收进中央关于经济体制改革的纲领性文件之中。1984年10月20日中共十二届三中全会正式通过《中共中央关于经济体制改革的决定》中明确指出："商品经济的充分发展，是社会经济发展的不可逾越的阶段，是实现我国经济现代化的必要条件。"

　　1992年，邓小平同志视察深圳、珠海等地并发表重要讲话，这是中国20世纪90年代经济改革和发展的重要推动力，将改革开放推上了新的台阶。

　　在中国改革的每一个重要关口，高尚全从未缺席，他参与了6次中央重要文件的起草工作，两次中央关于5年计划的建议，还多次就改革的核心议题向中央提出建议。

　　中国的改革所取得的成果，也就是社会主义市场经济不断发展的结果。在经济学家高尚全看来，家庭联产承包责任制、国企改制、股权分配等在社会实际需求上发展而来的改革，都是中国改革史上的亮丽风景。"老百姓有需求，基层最敏感，而我们的改革没有现成

经验，只能摸着石头过河。"高尚全这样说，"改革最终是为了人民，改革依靠人民，改革的成果要与人民分享。"

在高尚全眼里，解放思想是无止境的，中国还需要不断推进思想创新和理论创新；改革也是没有止境的，中国的出路在于改革，这样老百姓才能够真正富裕起来，国家才能强盛。

口号里的开放史

2017年4月23日上午，深圳蛇口的海上世界气氛肃穆庄严，招商局集团纪念袁庚百年诞辰暨袁庚塑像揭幕仪式在这儿隆重举行。铜像的红布揭开之后，在海上世界蛇口文化艺术中心广场上，一个高大、熟悉的老人袁庚好像正神采奕奕地向我们"走"来。只见袁庚的塑像宽额阔面，剑眉深目，笑容自信，那迈步向前、意气风发的样子，再现了袁庚当年扎根深圳，誓要干出一番事业时的英姿。基座的石碑上刻着他的生平事迹——袁庚缔造了中国经济特区雏形，是招商局蛇口工业区的灵魂人物，是招商银行、平安保险、中集集团等著名企业的创始人，是中国改革开放具有标志性的先行者和探索者之一。

自20世纪70年代末开始，袁庚以花甲之躯，领导开垦中国改革开放的试验田——招商局蛇口工业区，进行了一系列的改革尝试，成功探索出闻名遐迩的"蛇口模式"。袁庚敢为人先的奋斗历程，书写了改革者的责任担当和勇气智慧。特别是他提出的"时间就是金钱，效率就是生命"这一口号，被誉为"知名度最高，对国人最有影响的口号"。2013年，在改革开放35周年之际，网络上发起"35

年来你印象最深的一句话"评选。在众多网民的投票中，"时间就是金钱，效率就是生命"始终位居前列。

袁庚对市场经济的诠释，浓缩在"时间"和"效率"两个概念中，并通过"时间就是金钱，效率就是生命"这句口号响亮地喊了出来。这句口号并不是灵光乍现的产物。最早让袁庚受到启发的，是他在香港上的"第一课"，袁庚曾多次在不同场合讲述那令他深有感触的经历。当时为了业务发展，招商局需要在香港购买一栋大楼。袁庚与卖主谈妥后，约定在某个星期五下午2时预付定金2000万港币。当天下午2时，袁庚准时到达律师楼，卖主也如期而至。没想到，卖主的汽车停在门外并没熄火，只等双方在律师楼办完交易手续拿到支票，就立即安排专人坐汽车直奔银行。这位卖主为什么要这样争分夺秒？原来，第二天就是星期六，银行不上班。如果星期五下午3时之前支票不能交给银行，卖主就要损失2000万港币3天的存款利息。

"时间就是金钱，效率就是生命"这一观念发酵、成形，则是在蛇口工业区改革的火热实践中。在工业区建设初期，大量建设材料需要被运进蛇口，但蛇口的码头只有小船才能靠岸，当务之急就是新建600米长的顺岸码头。建设港口码头的钱是从香港贷款来的，到期需要还款。招商局的人很急，但吃大锅饭的工程局、施工队不急，一二十米远的距离，一天就开泥头车只拉二三十车。

那时，工人收入主要靠工资，奖金仅是辅助，工人对每月几元的奖金兴趣不大，工作干劲不高。为了调动工人的积极性，提高工作效率，超产奖励办法上马了——每部车每天的劳动定额为55车，完成定额后每车奖2分钱，超出定额部分每超一车奖4分钱。实行超产奖励后，工人劳动积极性大涨，每人每天能够运八九十车。原

来需要两年才能填完的码头，不到5个月就填完了。

1984年1月邓小平同志第一次南下视察。袁庚得知邓小平同志第二天要到蛇口工业区来的消息，他马上找来五六米长的铁皮，让人写上"时间就是金钱，效率就是生命"这句口号，把铁皮树立在邓小平视察的必经之路上。他说："我就是要让首长看看，5年了，这个口号对不对，蛇口工业区走的这条路对不对。"当时所有人都傻眼了，有人劝他："万一……"但袁庚坚持，他说："没有万一，有万一也要干。"

当袁庚向邓小平同志汇报工作到最后时，他用手轻轻碰了碰邓小平的臂膀，说："小平同志，蛇口工业区有句口号叫'时间就是金钱，效率就是生命'，我们不知道……"而当听到邓小平同志短促有力的"很好，很好"的话语时，在场所有蛇口工业区干部的心放下了。得到了邓小平的肯定和赞许，这句口号从此广泛传开。1984年10月1日，新中国成立35周年的国庆庆典上，写有"时间就是金钱，效率就是生命"的蛇口工业区彩车驶过天安门城楼前，这句口号从此响彻全国，被誉为改革开放中"冲破思想禁锢的第一声春雷"。

在"蛇口模式"的推动下，深圳乃至全国的改革大步推进。在蛇口工业区这个改革的"试管"中，先后培育出了赤湾港、中集集团、招商银行、平安保险等一大批行业中举足轻重的企业，为中国经济的腾飞持续地贡献力量。

"蛇口很多做法是创举、突破，是特事特办的。现在回头看，做这些事情，需要有敢为人先的精神。别人不敢踩的雷敢踩，别人不敢打破的框框敢打破。"招商局历史博物馆、招商局档案馆馆长樊勇说道。

有句话叫"先有蛇口后有深圳"，不仅是说蛇口工业区的创办时间早，更是在说很多改革经验、改革办法是在蛇口工业区先期试行并逐步成熟后才慢慢推广到各个经济特区，进而辐射全国的。因此，蛇口又被人称为"特区中的特区"。

2016年1月31日，袁庚在这个蛇口工业区批准成立的纪念日离世。蛇口工业区和"时间就是金钱，效率就是生命"是袁庚献给改革开放最珍贵的礼物。

追"云"的人

在人们还不知道"云计算"为何物的时候，马云就笃定数据时代的基础设施是未来的竞争关键，全力以赴投入"云"的角逐。

1992年，邓小平同志发表南方谈话后，马云第一次有了和时代合拍的创业构想。1995年，他辞去了稳定的大学教师的工作，筹资创业。经历了数次创业后，1999年，马云和其他17名合伙人凑了50万元，创办阿里巴巴网络技术有限公司（以下简称阿里巴巴）。没有资金，没有人才，没有资源，办公室就放在湖畔花园马云的家里，吃饭自己做，出门就骑自行车。实在路途遥远要打车，还要比较是乘"夏利"还是"桑塔纳"，就因为两种车型车费差两元钱。

资金上的艰难可以克服，最大的挑战来自社会上的质疑。互联网已经渐渐形成热潮，但是网上经商如同阿里巴巴这个名字一样，依旧像天方夜谭。且不说国内不看好电子商务，连对互联网最积极的海外资本也不相信电子商务能在中国成功。1999年在硅谷，马云一口气跑了30多家风险投资公司，没融到一美元。他们都告诉马云："中国没有信用卡体系，没有物流，没有商业基础设施，你们不

可能成功。"

马云毫不动摇自己的决定，他最不害怕的就是失败。他3次高考失利，10次申请哈佛大学被拒，甚至连应聘肯德基餐厅服务生，他也是24人当中唯一落选的。他经历过太多失败，但他坚信一句话：永不放弃，不放弃就有成功的希望，只要放弃就是100%的失败。没有支付体系，就成立支付宝，创造一个支付体系；没有物流，就从一笔两笔的业务开始来创造物流服务，让越来越多的人认识到物流业的价值……

截至2018年，阿里巴巴平台上有着千万家商户、0.54亿活跃消费者，平均每天缴纳税收1.4亿元，支付宝及其合作伙伴已经在服务全球12亿用户。更重要的是，整个物流行业从无到有，每天运送约1.6亿件快递；如果把电商模特、客服等关联产业人员计算在内，电商行业为中国创造了3600多万个就业岗位。

辉煌的成就会让容易满足的人躺在巨大的财富簿上睡大觉，但马云从未停止前进的脚步。从北京回到杭州创办阿里巴巴之前，马云和伙伴们登了一次长城。在长城上，他认真地说："我们要办的是一家让世界尊重的中国公司。"

让世界尊重，首先要让世界认识。有一段时间，在国外，马云逢人就喜欢问：你知道Alibaba（阿里巴巴）吗？"他在检验Alibaba是不是一个可以走向世界的名字。阿里巴巴的名字本身，就是这家企业最早的全球化基因。如今，阿里巴巴在走向全球化的过程中，正以理念超越西方企业。"全球化不是懂全世界的语言，也不是去全世界开公司赚钱，全球化是为全世界创造价值。"马云说。只有这样的全球化才有未来，也只有这样的全球化才能真正赢得世界的尊重。"今天世界的问题不是全球化导致的，而是全球化不完善导致的。"

马云相信,未来的全球化,必须让发展中国家、让中小企业、让更多年轻人和女性从中获益。为此,他每年在空中飞行达 1000 小时,足迹遍布几十个国家,不只为阿里巴巴的全球化,更为了世界的全球化。

一切伟大的成就都不是一蹴而就的。冲破思想观念的障碍、突破利益固化的藩篱,不容易;面对无数条岔路,在每一个路口前做出关键的、正确的抉择,更不容易。在阿里巴巴,一场关于要不要投入云计算基础设施建设的争论,持续了几天几夜。战略会上,决策层吵到指鼻子;工程师也分成了两派,绝大多数工程师并不相信中国人可以自主研发云操作系统,因为除了美国,世界上还没有其他国家做到过。一些人在马云面前拍桌子、摔椅子,甚至还有一些人选择了离职。那是阿里巴巴有史以来,内部出现的最大的一次对立和分歧。阿里巴巴显然有更便捷的发展路径可供选择,但如果没有云计算,"让天下没有难做的生意"的公司使命就会沦为空想。因为马云坚信,未来没有不联网的企业。

目前,阿里云已成为世界前三的云计算服务平台,它使创业公司的 IT 成本降低了 70%,也让阿里巴巴平台上成千上万的卖家、消费者可以共享成本低廉的技术服务。

对历史最郑重的纪念,是再创辉煌。对人民最真挚的承诺,是不懈奋斗。习近平总书记曾说过:"鞋子合不合脚,自己穿了才知道。一个国家的发展道路合不合适,只有这个国家的人民才最有发言权。""建成社会主义现代化强国,实现中华民族伟大复兴,是一场接力跑。"在今后的日子里,我们将一棒接着一棒跑下去,跑向中国特色社会主义金光大道,跑向中华民族的伟大复兴。

第三辑 美丽中国

共 享

在山西，数控铣工韩利萍在平凡岗位上做出突出业绩，从一名普通女工成长为大国工匠，成为新时代智能工人的模范代表。

在安徽省的贫困地区砀山县，重度瘫痪的农家姑娘李娟成了砀山县贫困户的"电商CEO"，走出生存困境，获得了"第二次生命"。

在遥远的东非，由中国编写的教材带着墨香，出现在南苏丹小朋友们的课桌上，给他们带去知识与希望。

……

这些美好的背后，源于中国对共享发展理念的坚持。

党的十八大以来，以习近平同志为核心的党中央把人民放在最高位置，大力推进共享发展，不断回应人民的心愿期盼，使改革发展的成果更多更公平地惠及全体人民。习近平总书记说："我们的人民热爱生活，期盼有更好的教育、更稳定的工作、更满意的收入、更可靠的社会保障、更高水平的医疗卫生服务、更舒适的居住条件、更优美的环境，期盼着孩子们能成长得更好、工作得更好、生活得更好。人民对美好生活的向往，就是我们的奋斗目标。"坚持共享发展，将让这些目标不再遥远。

当今世界是一个开放的世界，只有开放才能发现机遇、

抓住机遇、用好机遇，为实现国家的奋斗目标服务。"一带一路"是一个多元开放包容的合作性倡议。它"不是中国一家的事，而是各国共同的事业；不是中国一家的利益独享地带，而是各国的利益共享地带"。它擎着古代丝绸之路的光，从中华文明的历史深处走来，在世界期盼的目光中向人类共同的美好未来延伸。

第三辑　美丽中国

巾帼竞芳菲，共筑中国梦

新中国成立70年来，中国女性的社会、经济、法律、家庭地位发生了巨大的变化，走出了一条有中国特色的妇女解放之路，为世人所瞩目。中国妇女参与决策和管理的比例明显提高，妇女的健康状况和生命质量显著提升，妇女受教育的程度明显增强，妇女在新经济、新业态下参与经济发展的舞台更为广阔，贫困妇女脱贫显著，保障妇女权益的政策法规越来越多……妇女事业呈现出阔步向前的崭新气象。监测数据显示，《2011—2020年中国妇女发展纲要》中超过80%的指标已提前或基本实现，妇女的获得感、幸福感、安全感不断增强。沿着习近平总书记指引的方向，我国亿万妇女奋勇争先、岗位建功，共享改革发展成果，共创美好幸福生活，展现了"半边天"的别样风采。

米雯娟，在线少儿英语品牌VIPKID创始人及CEO。2017年8月，VIPKID宣布完成总额达2亿美金的D轮融资，这是全球K12在线教育领域最大一笔融资。创业近20年，米雯娟一直深耕于儿童英语教育领域。2013年，她给儿童英语教育插上了互联网和资本的翅膀，创建了VIPKID。2017年1至7月，VIPKID的营收总和超过了20亿元。近年来，像米雯娟这样顺应时代发展、极具创新意识的女性创业者不断涌现。相关调查数据显示，企业家中的女性群体占1/4，新兴市场中有30%的小微企业由女性创办。

覃惠芬，广西黔江农场一名普通的甘蔗种植女工。为了解决甘

蔗地缺水干旱的问题，她天天钻到甘蔗地里冥思苦想，最后终于想到把剥下的蔗叶填埋在地里减少水分蒸发的好办法，并自筹资金进行土壤改良。之后她又率先在自己的承包地引种高产高糖的良种，搞实验、做示范，使甘蔗单产连年提高。蔗农们纷纷前来参观效仿，她就热情地将自己的生产经验技术倾囊相授，悉心指导，带领大家走上致富道路。如今，覃惠芬所在的农场正一步步夯实现代农业基础，成为甘蔗高产示范区，获得了"全国农业先进集体"称号。她自己也因此接连荣获"广西五一巾帼奖""全国女职工建功立业标兵""广西劳动模范""全国巾帼五一标兵""全国五一劳动奖章"和"全国三八红旗手"等殊荣，把辛劳的事业做成了甜蜜的事业。

韩利萍，山西航天清华装备有限责任公司数控铣工。她27年如一日，在平凡岗位做出突出业绩，从普通女工成长为大国工匠，成为新时代智能工人的时代坐标。她扎根一线，执着于钻研数控加工技术，一次次攻克了火箭发射平台铣削技术难关，出色地完成了"长征"升空、"神舟"飞天、"嫦娥"奔月、"东风"出鞘等国家重点工程发射产品加工任务。她技艺高超，精通多种数控系统编程和操作，擅长曲面、深孔和异型零件的精加工。她攻坚克难，突破加工瓶颈，使月生产能力成倍提升，使手工编程效率有了质的飞跃，在系统变量编程方面实现零的突破。她精益求精，总结形成多种"独到"操作法，使零件一次交验合格率由20%提升到100%。她申报并获得国家专利4项，在专业杂志发表论文12篇，创新成果达到300余项，累计创造价值达到2000多万元。

李丽梅，广西北海市公安局海防管理支队主治医师、"全国三八红旗手"、联合国"和平荣誉勋章"获得者，从警25年，始终奋战在医疗卫生第一线。她曾经在战地与自己医治过的利比里亚儿童拥抱着，笑靥如花。她也曾经站在灿烂的阳光下，接受联合国警察总监授予的勋章。2018年3月，作为中国第五支赴利比里亚维和警察防暴队医务负责人，她远赴西非。在执行维和任务期间，她紧贴实战需求，认真履行职责，带领医疗防疫组出色完成了各项任务，为改善地方医疗条件做出了突出贡献，赢得了联合国检查官员的高度认可，为中国女性赢得了荣誉和尊敬。

梦想成真、实现自我、笑靥如花的不仅仅是她们。"在中国人民追求美好生活的过程中，每一位妇女都有人生出彩和梦想成真的机会。"习近平总书记坚定有力的声音激荡着亿万妇女的心潮。人民是改革发展成果的建设者和创造者，没有人民的参与和创造，社会主义事业将会一事无成。秉持着以人民为中心的发展理念，习近平总书记反复强调："发展离不开妇女，发展要惠及包括妇女在内的全体人民。……中国实践证明，推动妇女参加社会和经济活动，能有效提高妇女地位，也能极大提升社会生产力和经济活力。""今天，我们面临的任务更加繁重，面向的目标更加远大，更需要我国广大妇女贡献智慧和力量。"他主张推动妇女和经济社会同步发展，制定科学合理发展战略，确保妇女平等分享发展成果，推动广大妇女参与经济社会发展。这一字字，一句句，是宣示，也是期待……

新时代，新女性；新形势，新任务；新梦想，新作为。时代召唤巾帼，中国梦激励巾帼梦。机遇共享，挑战并存，"为实现中国梦贡献自己的力量"已成为亿万中国女性的铮铮誓言，她们坚信，"有梦想、有机会、有奋斗，一切美好的东西都能够创造出来。"

我和我的祖国
WO HE WO DE ZUGUO

"互联网+"时代，打出扶贫组合拳

"人民"二字，在习近平总书记心里分量最重、牵挂最多。党的十八大以来，他无数次强调共享理念的实质，就是坚持以人民为中心的发展思想，体现的是逐步实现共同富裕的要求。我们伟大的发展成就由人民创造，应该由人民共享。全面小康，一个都不能少；共同富裕，一个都不能掉队。目前，中国脱贫攻坚战已取得了决定性进展，创造了中国减贫史上最好成绩，但任务仍然艰巨。

如果说"全面小康与中国梦相互激荡，凝聚为全社会的'最大公约数'"，那么，扶贫、脱贫则是全面小康的"最后一公里"。以习近平同志为核心的党中央提出把"精准扶贫""精准脱贫"作为基本方略，强调各级党委和政府要看真贫、扶真贫、真扶贫，以超常规的举措，坚决打赢脱贫攻坚战。在这"最后一公里"的"战场"上，各地各部门因地制宜，量体裁衣，花大力气摸索出了多样战术。其中，"互联网+"模式被越来越多地运用其中，为打赢脱贫攻坚战提供了更多助力。

"安得万里裘，盖裹周四垠。稳暖皆如我，天下无寒人。"古时候，诗人白居易纵使心怀天下受寒挨冻的人，却也心有余而力不足，只能靠想象出来的万里长袍宽慰自己。而今天，我们的"互联网+"虽然也看不见、摸不着，却是实实在在助推扶贫工作的利器，已成为国家扶贫工作的重要组成部分。

"互联网+信息沟通"强化信息交互联通，服务政府办公，为扶贫工作提供信息保障

由中国移动研发的"精准扶贫系统"，以"一个系统、一部手机"连接扶贫工作涉及的各方角色，建立了一个信息化、智能化、精准化的主动脱贫生态圈，解决政府信息统计难、效果追踪难的工作痛点，全流程展现贫困户的脱贫路径，实现对贫困对象和扶贫工作者的精准分析、精准管理、精准服务等功能，提高地方政府精准扶贫工作整体效率。目前，该平台已经在湖南、河南、云南等14省71个市县部署应用；全面覆盖800多万贫困人口，为70余万基层扶贫干部提供信息化工具。

而江苏省灌南县的"阳光扶贫"监管系统则以建设"一个平台、两个端口、三种模式、四个覆盖、五大数据库"为核心，除扶贫信息互联互通、扶贫资源有效整合外，还强调扶贫过程公开透明，构建精准、高效、透明的监管体系，搭建面向公众、社会参与、全程监管的扶贫开发信息化平台，着力解决好精准扶贫"扶持谁、谁来扶、怎么扶、如何退"等现实问题，使精准扶贫明明白白落到实处。

"互联网+农特产品"拓宽农民增收渠道

近年来，移动互联网、云计算、大数据、物联网等与农特产品相结合，围绕网店开设、物流配送等，为农特产品打开"线上+物流""线下+配送"，线上线下相结合的新型销售模式，有效地改善了贫困地区农特产品增产不增收的局面。

安徽省砀山县不仅有"世界梨都""水果之乡"的美誉，还依托水果资源优势和电商产业带动，走出了一条电商精准扶贫之路。重度瘫痪的农家姑娘李娟借助网络，靠着一支笔和一部手机，成了砀山县贫困户的"电商CEO"，走出生存困境，获得了"第二次生命"。"互联网'下乡'+土特产'上线'"的网上销售模式在这里得以快速复制，短短两三年时间，砀山电商就呈现出了"井喷式"发展。统计数据显示，截至2018年7月，该县共有电商平台22家，电商企业1211家，农产品品牌1100多个，网店和微商2万多家，共10

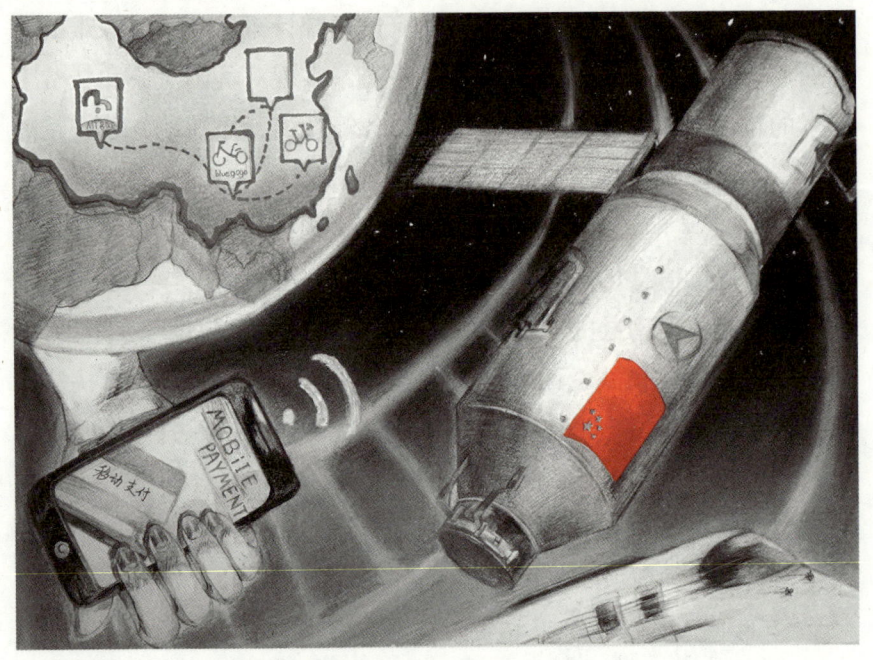

万余人从事电商及相关产业,涌现出"桃如意""带澳飞"等一批知名电商品牌。2017年,全县电子商务交易额为40.43亿元,成为全国农产品电商销售第一大县。

此外,无论是生产技术支持、销售渠道拓展,还是产品宣传、社会动员,都能够通过互联网的强大信息传播和交互能力收获奇效,使产品的生产销售实现可持续发展。

"互联网+教育"精准扶智,有效促进教育公平

无法用普通话进行沟通交流,已经成为严重阻碍部分少数民族地区脱贫致富、影响地方经济社会发展的制约因素。"扶贫先扶智,扶智先通语。"做好少数民族地区国家通用语言的推广工作,让少数民族群众"说好普通话,过上好日子",一直以来都是脱贫攻坚工作的一项紧迫任务。2018年，针对少数民族贫困人口普通话水平低和优质教育资源匮乏的问题，中国移动与云南省教育厅开展"语言扶贫"项目，协同开展推普脱贫攻坚行动。"语言扶贫"利用手机APP自主学习平台，并与常规集中培训相结合，开展线上自学、线下帮扶、送教到人的普通话培训模式，切实提高了深度贫困群众的普通话水平。

农村教育教学资源不足、教学模式单一是当前偏远地区中小学面临的亟须破解的难题之一，随着城镇化快速推进，城乡教育发展不均衡现象愈加突出。为深入推进"互联网+教育"，使城区优质的教育资源向农村倾斜，中国移动政企分公司还开发了"和教育"云平台，为贫困地区师生家长免费提供各类学习资源，精准供给优质教育资源和应用。"云+端"一体化打造"智慧教学"新模式，有效解决了优质资源共享的深度与广度问题。目前，通过"双师课堂"，全国已有百余所偏远地区学校可以与城市学校"同上一堂课"；通过"和直播"，农村学校的孩子可享受与名校教学进度一致的同步直播课堂；通过"备课中心"应用平台，教师可共享2万余所名校的丰富备课资源。"和教育"云平台已汇集超千万条教育资源、超百款教育应用，帮助了超过2000万留守儿童和150万乡村教师，有效地促进了教育公平。

"互联网+健康扶贫"提供就医便捷服务，惠及最基层，力阻"病根"变"穷根"

"救护车一响，一头猪白养。"疾病是致贫返贫最主要的原因之一。2016年数据显示，因病致贫、因病返贫的家庭在所有贫困户里占比达44.1%。对此，习近平总书记提出了明确要求："健康扶贫属于精准扶贫的一个方面。因病返贫、因病致贫现在是扶贫硬骨头的

主攻方向。"然而,同优质教学资源一样,我国优质医疗资源总量相对不足,分布也不均衡。在一些偏远山区,病人因交通不便、医疗资源匮乏而错过最佳治疗时间,给家庭带来沉重负担。因此,补上贫困地区医疗服务"短板",对打赢脱贫攻坚战而言意义重大。

中国移动积极探索"健康扶贫"的创新模式,参与国务院扶贫办、国家卫健委、工信部组织的扶贫工程,紧密围绕"互联网+健康医疗"指导意见,展开了一系列有效行动。

构建"一网三服务"的健康扶贫信息化服务体系,通过远程医疗、基层医疗信息化、基层医生等服务体系,促进优质医疗资源下沉,真正推动"强基层"的实现,惠民利民。目前,中国移动在江西、山西、贵州等省份因地制宜地开展"互联网+健康扶贫"工程建设,通过远程医疗、基层医疗信息化、基层医生等服务体系,已累计服务医患达1.5亿人次。

建设集会诊、影像心电判读、教学培训为一体的"国家远程医疗与互联网医学中心协同平台",下沉到西部欠发达地区,实现优质医疗资源下沉到村,有效缓解基层群众就医难的问题。目前,该平台服务范围已覆盖30省400余家医院。

"互联网+"模式打出一系列精准有力的扶贫组合拳,为贫困地区精准扶贫、精准脱贫提供了新理念和新技术,其有效运用所展现的巨大潜力在贫困地区被不断激发、释放和传递,为脱贫攻坚工作插上了一双提质加速的隐形翅膀。

从一枝独秀到春色满园

2000多年前,一条了不起的丝绸之路把中国和世界联系在一起。这条路"把东方的味道、思想和影响,以及某种浪漫的东方主义带到了欧洲世界",令人神往!而今,中国"一带一路"倡议的提出,再次吸引了世界的目光。

"一带一路"是"丝绸之路经济带"和"21世纪海上丝绸之路"的简称,是习近平总书记于2013年提出的合作倡议。"一带一路"是促进共同发展、实现共同繁荣的合作共赢之路,是增进理解信任、加强全方位交流的和平友谊之路。发展是各国共同的愿望,和平合作,开放包容,共建"一带一路",这将为各国发展注入强大动力,为全球可持续发展构建紧密网络,共同打造政治互信、经济融合、文化包容的利益共同体、责任共同体和命运共同体。

2017年6月至2018年8月间,129.9万册带着油墨清香的教材从长沙踏上奔赴遥远非洲的旅程。这一本本由中国编写的教材承载着知识和希望,满带着开放的中国对一个年轻国家的教育事业和未来的深深关切,陆续抵达南苏丹共和国的首都朱巴。中国第一个文化援外项目——援南苏丹项目顺利结束。

南苏丹号称是世界上最年轻的国家,它成立于2011年,由于多年战乱,国内的各项事业亟待振兴,尤其是关涉本国少年儿童健康成长的教育事业。彼时,中国果断伸出援手,愿与南苏丹共享优质的教育资源。2016年11月23日,这个由商务部立项主导、中南出版传媒集团具体承担的国内首个综合性教育援外项目在朱巴签署了实施协议。

从这一纸协议开始,中国和南苏丹开始了高频次、多方位的往

来。一批批南苏丹教育骨干来中国接受专业培训,崭新的数学、英语、科学等教材出现在南苏丹小朋友的课桌上,南苏丹建起了第一个信息通信技术教师培训中心……

南苏丹教育部次长隆格里奥说,南苏丹非常重视教育,作为一名父亲,他深知教育对于个人与国家的重要性,作为教育部次长,他甚至把教育当成自己的信仰。"尽管国家动荡,但教育发展不能等,不管有什么困难,我们都要确保为教育的投入……在南苏丹,每天都有孩子出生,这些孩子的教育不能等,教育就意味着和平。"

为"世界上最年轻的国家"量身打造国家教育体系,这是中国教育援外模式的首创,也是湖南出版"走出去"的重大成果。南苏丹政府特别授予湖南省为"南苏丹在华文化推广大使省份"。湖南是承担中国援外培训任务最多的省份。仅2017年湖南省共培训发展中国家学员达到4000人,其中75%以上学员来自非洲。

南苏丹驻华大使约翰·安德嘉·杜库表示,援南苏丹项目既体现了中国在教育发展领域的宝贵经验和先进水平,也密切结合了南苏丹当地特征和风俗民情,满足了南苏丹政府的殷切期待和南苏丹人民的实际需求。而隆格里奥更是充满期待——这样具有创新意义的项目,将为南苏丹的教育打下坚实的基础,而南苏丹也将搭建起完善的国家教育体系,让本国人民真正享受到人类文明的发展成果。随着这个项目的不断推进,中国智慧、中国方案、中国文化成功输入南苏丹,这正是中国"一带一路"倡议在对外交往实践中的真实体现。

习近平总书记说:"'一带一路'追求的是百花齐放的大利,不是一枝独秀的小利。"中国追求的是"合唱"的协调合作之美,走的是携手同行的阳光大道,培育的是共享共赢、百花齐放的大花园。

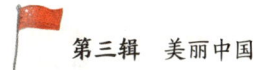 第三辑 美丽中国

"如果世界上只有一种花朵，就算这种花朵再美，那也是单调的。不论是中华文明，还是世界上存在的其他文明，都是人类文明创造的成果。"

我们的人民是伟大的人民。在漫长的历史进程中，中国人民依靠自己的勤劳、勇敢、智慧，创造了各民族和睦共处的美好家园，积淀了优秀的传统文化。"生活在我们伟大祖国和伟大时代的中国人民，共同享有人生出彩的机会，共同享有梦想成真的机会，共同享有同祖国和时代一起成长与进步的机会。"在党的带领下，在共享发展理念的指引下，中国人民愿和世界人民一道共同推进经济、社会、文化、生态等建设，奔向幸福美好的明天。

和 谐

"和气生财""家和万事兴"……中国自古以来就对"和"文化青睐有加。在华夏文明中,我们一直追求人与自然、人与人、人与社会和谐相处,这是属于中华民族的智慧之光。

古往今来,我们有许多关于"和"的故事。从口口相传的民间俗语,到廉颇向蔺相如负荆请罪的"将相和"历史故事,再到新中国建设"和谐社会"的伟大梦想,我们一直在追求家庭和谐、政治和谐、社会和谐。

中国是一个由56个民族组成的、统一的多民族国家。只有各民族相互依存,相互促进,才能维护社会稳定,捍卫国家统一,实现共同的民族利益。民族团结是发展进步的基石,民族团结是各族人民的生命线。各民族之间和睦相处、和衷共济、和谐发展已成为中国民族关系发展中的主旋律。

和谐是人与自然的相亲相爱,和谐是亲朋邻里间盛开的文明之花,和谐是中华儿女孜孜追求的理想。放眼中国这片大地,处处闪烁着和谐的光芒。

中华文化的核心是"和"文化,运用与时俱进的"和"文化理念,讲述中国故事,传播"和合"智慧,构建人类命运共同体。

第三辑 美丽中国

和谐：人与自然的相亲相爱

古往今来，人们都渴望着人与自然和谐相处。古人留下的很多诗句都表达出人与自然的和谐之美。如：陶渊明的"采菊东篱下，悠然见南山"，王勃的"落霞与孤鹜齐飞，秋水共长天一色"，龚自珍的"落红不是无情物，化作春泥更护花"。

人与自然有着天生的联系，谁都无法抗拒。我国把"人与自然和谐相处"作为社会主义和谐社会的基本特征之一，这是对人与自然关系的正确定位，也是对社会主义社会特征的一种新认识。人类应该尊重自然、顺应自然、保护自然，自然则滋养人类、哺育人类、启迪人类。

习近平总书记说："坚持人与自然和谐共生。建设生态文明是中华民族永续发展的千年大计。"人生活在天地之间，以天地自然为生存之源、发展之本，在与自然的相互作用中，创造和发展了人类文明。人类必须尊重自然、顺应自然、保护自然，否则就会遭到大自然的"报复"，这个客观规律谁也无法抗拒。

中华文明历来强调天人合一、尊重自然。5000多年的中华文明就是在人与自然和谐共生中发育成长，生生不息，绵绵不绝。人与自然和谐共生，是中华民族生命之根，是中华文明发展之源。到了近代，伴随着工业化的到来，和世界上许多国家一样，我们也经历了一个向自然界进军、改造自然、征服自然的历史过程，在快速形成现代化发展物质基础的同时，也给自然生态系统带来很大破坏，

出现森林消失、土地沙化、湿地退化、水土流失、干旱缺水等严重生态问题和水、土、空气遭到污染等严重环境问题。伴随这些问题而来的，必然是自然的"报复"。

大自然是我们人类可靠的朋友，每时每刻都陪伴着我们，是人们赖以生存的重要环境。人类和大自然互相依存，共同构成和谐的自然界。人与自然的和谐，不容任何理由破坏。爱护自然，就是爱护我们自己。我们追求人与自然的和谐，既要金山银山，又要绿水青山，绿水青山就是金山银山。

作家冰心奶奶说："美的真谛应该是和谐。这种和谐体现在人身上，就造就了人的美；表现在物上，就造就了物的美；融汇在环境中，就造就了环境的美。"人与自然之间和谐，就是人与所处的环境和谐共生。大自然是伟大的，它不仅养育了地球上的一切生灵，更让这个世界变得丰富多彩。大自然养育了人类，让人类生生不息，不断繁衍发展。

人类与动、植物都是大自然的产物，只有人类与大自然和谐相处，我们所生活的环境才会更美好。人与自然是生命共同体，人类必须尊重自然、顺应自然、保护自然。在大自然中，人类如果尊重自然、顺应自然和保护自然，那么自然反过来就会滋养人类、哺育人类与启迪人类。

我国在不同地方建立了很多自然保护区和国家森林公园，就是要更好地保护大自然，保护珍贵野生植物，保护濒危野生动物，让人与植物和谐，人与动物和谐。像大兴安岭、雅安熊猫自然保护区、张家界国家森林公园、崀山国家地质公园……一个个自然保护区，就是一个个人与自然和谐相处的典范。在蓝天下，让更多品种的植物得以万代繁衍，让更多种类的动物得以世代相传，让人类子孙万代享受美丽自然。

　　森林，是大自然的一个重要组成部分。走近她，就能让人感受到和谐的旋律。用心去倾听，用心去感受，一曲曲让人心旷神怡的和谐之音就在你的耳畔轻轻地萦绕。

　　或许，我们同样可以随着季节的变更，将四季和谐的种子播种。春耕时节，将和谐的种子与农作物的种子一并种下，等到秋收之时，收获的就不仅仅是粮食，还有和谐与美好。当下一季到来时，再将和谐种下，便又会收获丰收与和谐。如此循环播种下去，将是多么值得欢喜的事啊！人与自然间的和谐，将是绿色的美丽心情。用心去感受这个世界，你将会发现天空更蓝，云彩更绚丽。

　　我国在建设青藏铁路时，保持了人与自然的和谐。在人间最美的天路上，做到了高原生态环境不受破坏，江河之源的水质不受污染，野生动物迁徙不受阻断，自然景观不受影响。于是，人们经常能够看到这样的画面：蓝天白云下，藏羚羊在铁路附近或专心觅食，或追逐嬉戏，或凝望列车，或从铁路腹下悠闲地穿过。

　　人与自然的和谐相处是人类文明发展的前提。人只有在与自然的和谐相处中才能谋生存、求发展。因此，关爱自然，善待自然，是全人类的共同利益。

　　在中国特色社会主义的新时代，人与自然相亲相爱，才能实现人民富裕、国家强盛和中国美丽。

和谐：亲朋邻里盛开的文明之花

　　送人玫瑰，手有余香。和谐是亲朋邻里的朝夕与共，是一个社

会的文明标志。这个世界需要爱、需要温馨,更需要和谐。在家庭,在校园,在小区,我们都渴望人与人之间有一种心灵的沟通,学会互相关心、互相体谅、互相帮助。

清朝时,流传着一个广为人知的"六尺巷的故事"。故事发生在安徽桐城,有个著名的家族,父子两代为相,权势显赫,这就是张家张英、张廷玉父子。

在老家,他们的老房子与吴家为邻,两家之间有个空地,供双方来往出行使用。后来邻居吴家建房,要占用这个通道,张家不同意,双方将官司打到县衙。县官考虑纠纷双方都是官位显赫的名门望族,不敢轻易了断。在这期间,张家人写了一封信,给在北京当大官的张英,要求张英出面,干涉此事。张英收到信件后,认为应该谦让邻里,给家里回信中写了四句话:千里来书只为墙,让他三尺又何妨?万里长城今犹在,不见当年秦始皇。家人阅罢,明白其中意思,主动让出三尺空地。吴家见状,深受感动,也主动让出三尺房基地,这样就形成了一个六尺的巷子。两家礼让之举和张家不仗势压人的做法被传为美谈。

我们再来看看另一个故事。从前,有一个脾气很坏的男孩,他的爸爸给了他一袋钉子,告诉他:每次发脾气或者跟人吵架的时候,就在院子的篱笆上钉一根。第一天,男孩钉了37根钉子。后面的几天他学会了控制自己的脾气,每天钉的钉子也逐渐减少了。他发现,控制自己的脾气,实际上比钉钉子要容易得多。终于有一天,他一根钉子都没有钉,他高兴地把这件事告诉了爸爸。爸爸说:"从今以后,如果你一天都没有发脾气,就可以在这天拔掉一根钉子。"日子一天一天过去,最后,钉子全被拔光了。爸爸带他来到篱笆边上,对他说:"儿子,你做得很好,可是看看篱笆上的钉子洞,这些洞永

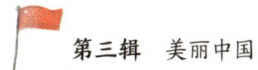 第三辑 美丽中国

远也不可能恢复了。就像你和一个人吵架,说了些难听的话,你就在他心里留下了一个伤口,像这个钉子洞一样。"这个故事很简单,但也说明一个道理,不要动不动就发脾气,要学会人与人之间和谐相处。

有一种和谐叫"家庭和和美美"。孩子孝敬老人,老人爱护孩子,婆媳融洽,父子情深,夫妻恩爱。孩子尽力满足老人的愿望,常回家看看,把陪伴子女和父母,当成最大的乐趣,并乐此不疲。配偶尊重双方的喜好与选择,多给对方鼓励与支持,把赞美常挂在嘴边。儿媳待公婆如父母,接受老人的缺点与生活观念,体谅老人的难处,站在老人的立场,想他人之所想,让其乐融融的家庭氛围温暖老人的心。这样和谐的家庭是幸福的。

有一种和谐叫"邻里互帮互助"。俗话说得好,远亲不如近邻。邻里之间友爱相待,和睦相处。抬头"你早",低头"再见";物品

别从窗户丢,垃圾别放楼道口,阳台洒水不忘楼下晾着衣裳;白天,欢声笑语相往来,深夜,不弄声响安静休息;邻居需相帮,举手之劳不费力,心意暖人心,你帮我来我帮你,邻里和谐一家亲。

有一种和谐叫"社区亲如一家"。和谐的社区拥有健康、文明、向上的理念,拥有配套的居民生活设施,看病不用跑,买菜不发愁。锻炼身体,社区有免费健身房。社区活动,一呼百应,人人争当先进者。社区百姓自觉遵守社区公约,营造整洁优美的环境,积极与社区领导沟通,提出合理化建议与意见,齐心协力建设和谐社区。老人欢声笑语,孩子勤奋读书,人人关心互助,家家安居乐业。

如此,人和人之间和谐了,心与心的距离拉近了,家庭之间和睦相敬了,邻里与亲朋有欢声笑语了,这样的家园真的很美好。

和谐:人类社会对美好未来的憧憬

和谐是当今社会发展的主题。和谐社会是民主法治、公平正义、诚信友爱、充满活力、安定有序、人与自然和谐相处的社会,是社会发展的一个目标、愿景,是人类社会的终极理想。

对一个国家来说,和谐尤为重要。各民族之间要团结,各阶层之间要和谐。今天的中国,全国各族人民正同心协力,万众一心,共同建设和谐社会。作为中华儿女,我们要努力工作,撸起袖子加油干,为祖国的繁荣昌盛贡献自己的力量。我们要从自己做起,积极投入构建和谐社会的实践中,不断实现人的自身和谐、人际关系和谐、人与社会和谐、人与自然和谐。

古人说:"上下同心,其利断金。"只有每个人矢志不渝图奋进,齐心共奏和谐声，各尽其能、各得其所、和谐相处，满怀一腔志，拧成一股绳，才能最广泛地调动一切积极因素，不断为中华民族的伟大复兴添砖加瓦。

"和"是中国文化传统的基本精神，也是中华民族不懈追求的理想境界。人与人之间的和睦相处是社会文明的重要标志，也是国家稳定的基础。中国古代著名思想家孟子说过："天时不如地利，地利不如人和。"就是说只要人们和睦相处，就没有什么困难不能克服。为了真正实现人与人之间的和睦，我们需要发展社会生产力，消除贫穷与落后，使人们过上富裕的生活；我们需要实现社会的公平与正义，坚持法律面前人人平等，尊重和保障人权；我们需要提倡不同民族、不同信仰的人们相互包容、相互尊重，与人为善、以邻为伴。

中国自古就有"以和为贵""和而不同""和实生物"的思想。以和为贵，就是说国家之间、民族之间、人与人之间要以团结互助、友好相处为最高境界。和而不同，就是追求内在的和谐统一，一个国家、一个民族既能容纳其他不同的文明存在，又能保留自己的优秀文化传统，对于自然界万物，对于我们构建和谐社会和多元世界都具有重要的启示意义。实现了和谐，万物共生，不同文明之间相互吸收借鉴，才能推陈出新，推进文明的进步。

新中国成立70年来，特别是改革开放41年来，党领导全国人民向着构建社会主义和谐社会而努力。构建社会主义和谐社会，是党从开创中国特色社会主义事业新局面的全局出发提出的一项重大任务，是实现全面建设小康社会宏伟目标的必然要求。我们要团结一切可以团结的力量，最大限度增加和谐因素，增强社会创造活力，确保人民安居乐业、社会安定有序、国家长治久安。

我和我的祖国
WO HE WO DE ZUGUO

构建和谐社会是每个中国人的责任。我们要从构建和谐社会的大局出发，充分发挥各自的作用，从身边的小事做起，从力所能及的事做起，多做有利于和谐的事。每个人都要树立共建和谐社会的主人翁意识，使社会充满朝气与活力，为祖国的日益强大添砖加瓦。

大 同

　　70年砥砺前行，70年风云际会。国际社会见证了中国沧海桑田的巨变。新中国用几十年时间走完了发达国家几百年走过的工业化历程，面对世界经济格局的深刻调整，中国从贫穷落后走向开放繁荣，创造出人类历史上罕见的发展奇迹，并成为维护世界和平、稳定和繁荣的重要力量。

　　发展起来的中国深刻影响了世界——提出构建人类命运共同体、倡导"一带一路"建设、成立亚洲基础设施投资银行、建设开放型经济新体制，中国全方位对外开放新格局正加快形成。北京APEC（亚洲太平洋经济合作组织）峰会、杭州G20（20国集团）峰会、达沃斯论坛、厦门金砖国家峰会等会议的召开让更多中国理念、中国方案得到世界广泛认同。影响力、感召力、吸引力的背后，是中国行大道、担大义、谋大同的豪迈气度。中国前所未有地走近国际舞台中央，中国声音笃定昂扬，彰显大国风范。

　　习近平总书记说，当今世界有70多亿人，200多个国家和地区，2500多个民族，5000多种语言。不同民族、不同文明多姿多彩、各有千秋，没有优劣之分，只有特色之别。要积极树立双赢、多赢、共赢的新理念，摒弃你输我赢、赢者通吃的旧思维，"各美其美，美人之美，美美与共，天下大同"。

大国担当：授人以鱼，更授人以渔

新中国成立 70 年以来，随着经济实力的飞速发展和综合国力的日益强大，中国为世界贡献的维度日渐丰富，中国在生态、经济、文化、安全等方面展现出越来越多的大国担当。正如习近平总书记多次用通俗易懂的语言阐明的那样："中国人民不仅要自己过上好日子，还追求天下大同。"

马来西亚首都吉隆坡巍然耸立着一座地标性建筑——由中国建筑公司承建的吉隆坡标志塔，它为以现代和创新著称的吉隆坡增添了一道靓丽的新风景，更通过 31 个月的建设时间，凭借强有力的管理水平、各道工序的无缝衔接，向世界展示了 3 天建起一层的惊人的"中国速度"。吉隆坡标志塔高 452 米，地上有 97 层，地下有 4 层，这是目前中国在海外建设的最高楼，它不仅刷新了马来西亚的天际线，同时也创造了马来西亚单次最大混凝土浇筑量纪录——2016 年 5 月 2 日，施工团队经历 60 个小时，一次性浇筑了 2 万立方米混凝土。速度的背后是超高的效率，以及无数工人夜以继日的付出。

在吉隆坡标志塔的高峰建设时段，施工现场大约活跃着 2000 名员工，除了 400 多名中国员工，还有 1500 多名来自越南、孟加拉、印度尼西亚的建筑工人。团队构成复杂，在一起工作、生活所需要面临的差异也是巨大的。中方建筑公司充分尊重各方的宗教、文化习惯，设置了祈祷室，划分专门的居住区域，确保施工氛围的融洽。

我和我的祖国
WO HE WO DE ZUGUO

借助吉隆坡标志塔的建设，中国还为马来西亚培养了大批建筑工程师。在建设过程中，大约50%的管理人员都是属地员工。

建设于20世纪70年代的塔贝拉水电站被誉为"巴基斯坦的小三峡"，它是巴基斯坦国内目前最大的一个水电站。由于能源短缺，发电体系不够完善，巴基斯坦一直苦于电力供应不足，国内经常断电。2013年，中国决定为巴基斯坦的塔贝拉水电站进行扩建、升级。这次扩建注定是一个艰难的工程，因为塔贝拉水电站的地理位置十分特殊——它横穿喜马拉雅大断裂带，地质条件不佳，加上水电站运行多年淤泥堆积情况严重，如何清除深水下已经板结的厚淤泥呢？中国技术人员运用聪明才智，利用水下机器人和成熟的空气提升系统，花费了4个月时间终于把淤泥问题解决了。

塔贝拉水电站的扩建工程给塔贝拉地区带来了3000多个就业岗位。工程建设中，中方特别注意环保工作，要是工程机械漏了油到地面上，工作人员会把土挖起来进行无害化处理，同时每个月还对周边的水质、空气、噪音进行专门的监测。除了投入水电站工作，中方人员还义务翻修了附近的医院和学校，并且为医院送去价值不菲的医疗设备，为学校送去桌椅、书籍。建营地的时候，中方砍掉一棵树，会再另外种10棵树。当地人感受到了中方人员的热情友善，常常竖起大拇指合影。

北非最长的隧道位于阿尔及利亚首都阿尔及尔以西100千米，名叫甘塔斯隧道。这条隧道处于阿尔及利亚的交通大动脉——阿尔及利亚北方铁路干线上，长度大约为7.33千米。这条隧道附近的地质情况相当复杂，尤其是其中的泥灰岩，它挖掘时是石块，风吹就成渣土，遇水则成烂泥。这样的地质条件让隧道的开挖支护变得异常艰难，岩性多变又极难控制，被法国工程界称为"工程师的灾

难"。除此之外，工程设计资料不全、建材资源匮乏，让不少去考察的跨国企业望而却步。中国企业却迎难而上，技术人员们不断公关、数次组织专家研讨，凭借"中国方案"成功破解泥灰岩地质施工世界性难题。

甘塔斯隧道的贯通，开启了中非合作的新篇章，成为"一带一路"明星工程。中国企业不但通过高超的技术实现了隧道的贯通，更积极地展现了中国企业的担当。

中国人用自己的勤劳、坚韧和智慧，一步步丈量脚下的热土，不仅点燃自己心中的中国梦，也点亮了国际友人的世界梦。中国的发展不是独善其身的发展，而是兼济天下、包容开放的发展。这是属于中国的气度，它劈波斩浪，跨越险阻，铸就的是互利共赢，同迎辉煌的明天。

人工智能、无人驾驶技术、支付技术出海加速

在互联网经济版图中，中国在短短二十几年中快速崛起，已成为全球第一大互联网市场。中国移动互联网走上国际舞台，把"中国制造"变为"中国智造"，以移动互联网、人工智能、共享经济等新技术向海外拓展的"技术出海"也变为一个热门话题，为全球发展贡献中国智慧与中国力量。

2019年，新加坡首个24小时手机购物无人商店落地，其机器人背后使用的AI（人工智能）人脸识别技术源自中国商汤科技。相

第三辑 美丽中国

比泰国、马来西亚、越南等地，作为世界上最具竞争力的经济体之一，新加坡并不是出海成本最低的地方，但它拥有非常成熟的基建设施，商业化也备受青睐。新加坡鼓励各方组织机构和国际伙伴参与到新加坡的数字化进程建设中，以加快新加坡向先进数字经济的

转变。这种在东南亚市场相对超前的战略布局，及对高科技人才的渴求，使得越来越多的中国企业将其作为出海第一站。目前，中国企业已经与新加坡达成协议，将在新加坡及亚洲地区加快人工智能研究，推动大型企业及中小企业数字化，并根据行业及社会机构需求打造人工智能解决方案。

2018年百度将全球首款L4级自动驾驶巴士"阿波龙"销往汽车强国日本，实现了中国自动驾驶电动车的首次"出海"，为中国产品出海开辟了新航向，这意味着中国出口海外的产品已经升级到核心、先进的人工智能和自动驾驶领域。目前，"阿波龙"已经进入量产阶段，未来，日本有望构建以阿波龙为核心产品的无人驾驶运营平台。除此之外，中国自动驾驶领域还有深兰科技的芭堤雅自动驾驶功能性商用车、仙途智能的自动驾驶环卫清扫车……无人驾驶车技术不断进步，创新产品层出不穷，成为征战海外市场的一个又一个科技强兵。

支付宝这个第三方支付平台从2004年开始建立，如今已经成为中国人，甚至部分外国人的生活常用支付方式。它致力于提供简单、安全、快速的支付方式，将"信任"作为产品和服务的核心。2014年，支付宝一跃成为当前全球最大的移动支付厂商。中国的移动支付领先全球，支付宝在其中的作用功不可没。尽管在国内取得了不错的成绩，但支付宝并没有停下进取的脚步，它旗下的蚂蚁金服以"技术出海+当地合作伙伴"的方式向泰国、菲律宾、印度尼西亚、马来西亚等国家输出小微群体的移动支付和普惠金融服务。未来，蚂蚁金服打算建立一个以技术驱动的开放生态系统，并与全球合作伙伴合作，支持未来社会的金融需求，为世界带来更平等的机会。

习近平总书记强调，人工智能是新一轮科技革命和产业变革的重要驱动力量，加快发展新一代人工智能是事关我国能否抓住新一轮科技革命和产业变革机遇的战略问题。2019年3月，中央专门就促进人工智能发展出台相关政策，为行业出海提供了强有力的政策支撑。从净引进技术、管理、理念，到向外输出技术、管理、理念，中国企业迈出了一大步，但这一大步仅仅是个开始。随着中国企业技术实力的提升，随着更多原创性技术的涌现，中国技术一定会带着合作共赢的理念加快出海。

共同促进地球村繁荣和安宁

"在动荡不安的当今世界，中国是一个重要的稳定因素。"面对全球局势的变化，原德国统一社会党总书记、民主德国国务委员会主席埃贡·克伦茨这样评价。

作为最大的发展中国家和负责任的大国，中国以包容开放的姿态，坚定不移地履行可持续发展承诺。政策沟通、设施联通、贸易畅通、资金融通、民心相通，和热爱和平的世界人民共同促进地球村的繁荣和安宁。

开放，是你中有我、我中有你。在世界成为一个地球村的今天，人类交往比过去任何时候都更深入、更广泛，各国相互联系和彼此依存比过去任何时候都更频繁、更紧密。

20世纪60、70年代，在自身经济条件并不宽裕的情况下，中国已真诚无私地帮助更需要支持的国家。几十年后，中国在力所能及的范围内，不断与世界分享发展成果，向其他发展中国家提供了大量人道主义援助。2017年3月5日，在约旦扎塔里难民营，叙利

亚难民从联合国世界粮食计划署的仓库中领到了中国政府援助的食品。从帮助发展中国家应对严重自然灾害、进行基础建设，到将最优秀的医生和公共卫生人员派往爆发埃博拉疫情的国家，提高当地的临床治疗和公共卫生能力，无偿提供药品、医疗器械和医用材料等。当国际社会出现难题或危机时，中国总是积极、迅速施以援手的重要一方。

作为全球生态文明建设的重要参与者，中国一直倡导绿色生态发展，建设美丽和谐世界。绿色生态发展是构建高质量现代化经济体系的必然要求，是解决环境污染问题的根本之策。中国致力于走可持续发展道路，以生态文明理念引领绿色低碳转型，目前已经成为绿色能源投资大国、生产大国、消费大国、出口大国和绿色贸易引进大国。在全球生态问题上发挥着日益重要的作用。

近年来，中国多次以东道主身份，邀请世界各国朋友共商发展大计，推动"地球号"驶向更美好的明天。

2017年2月10日，中国提出的构建人类命运共同体理念首次写入联合国决议；11月1日，这一理念再次被写入两份联合国决议。这正是中国多年来积极参与全球治理，推动世界共同繁荣的一个缩影。

2018年11月，上海首届中国国际进口博览会盛况空前：17个国家、地区和国际组织，3600多家境外企业参加，成交额近600亿美元。

2019年4月，第二届"一带一路"国际合作高峰论坛举行，近50位国家元首和政府首脑云集北京，密集的会议日程标注着中国与世界互动的新高度……

文明因多样而交流，因交流而互鉴，因互鉴而发展。中国和世界上不同国家、不同民族、不同文化的交流互鉴，能更好地夯实人类命运共同体。今日之中国，不仅是中国之中国，而且是世界之中国。习近平总书记在一系列重要讲话中，深刻阐释新时代中国与世界的关系，展示了中国愿继续与世界携手前进的"大同"理念：

"中国始终是世界和平的建设者、全球发展的贡献者、国际秩序的维护者，支持扩大发展中国家在国际事务中的代表性和发言权。"

"我们将继续大力推进"一带一路"建设，为各国经济社会发展、落实2030年议程开辟新空间。"

"一个更加开放的中国，将同世界形成更加良性的互动，带来更加进步和繁荣的中国和世界。"

"世界需要中国。"中国的发展腾飞离不开世界，世界的繁荣稳定也离不开中国。未来之中国，必将以更加开放的姿态拥抱世界，以更加务实的行动造福世界，以更有活力的文明成就贡献世界，让世界更加和平安宁，让人类生活更加幸福美好。

《我和我的祖国》

编委会（按姓氏音序排列）：

邓湘子　胡　坚　罗柳娟　罗丽亚

梁小平　聂　欣　苏　乐　谭　群

吴双英　魏艳辉　袁　乐　袁　凌

姚钇帆　周　静　周倩倩　周亚丽

图书在版编目（CIP）数据

我和我的祖国 / 张海迪主编. —长沙：湖南少年儿童出版社, 2019.9
ISBN 978-7-5562-4777-6

Ⅰ. ①我… Ⅱ. ①张… Ⅲ. ①爱国主义教育-中国-青少年读物 Ⅳ. ①D647-49

中国版本图书馆CIP数据核字（2019）第196713号

WO HE WO DE ZUGUO

我和我的祖国

总 策 划：胡 坚　吴双英
责任编辑：周亚丽　周倩倩
装帧设计：陈 筠
插图提供：大卫美术教育
质量总监：阳 梅

出 版 人：胡 坚
出版发行：湖南少年儿童出版社
地　　址：湖南省长沙市晚报大道89号　　邮　编：410016
电　　话：0731-82196340　82196341（销售部）　82196313（总编室）
传　　真：0731-82199308（销售部）　82196330（综合管理部）
常年法律顾问：湖南云桥律师事务所长沙分所　张晓军律师

印　　刷：长沙新湘诚印刷有限公司
开　　本：710 mm×1000 mm　1/16
印　　张：16
书　　号：ISBN 978-7-5562-4777-6
版　　次：2019年9月第1版
印　　次：2021年4月第10次印刷
定　　价：40.00元

版权所有　侵权必究
质量服务承诺：若发现缺页、错页、倒装等印装质量问题，可直接向本社调换。
服务电话：0731-82196362